Wing Chun

für Einsteiger und Fortgeschrittene

von

Alan Gibson

mit 186 Abbildungen
übersetzt von Marcus Rosenstein
mit freundlicher Unterstützung von Sifu H. Martin

5. Auflage
2024

VERLAG WEINMANN — BERLIN

Bibliografische Information Der Deutschen Nationalbibliothek
Die Deutsche Nationalbibliothek verzeichnet diese Publikation in der Deutschen Nationalbibliografie; detaillierte bibliografische Daten sind im Internet
über http://dnb.ddb.de abrufbar.

© 2016 für die deutsche Ausgabe by Verlag Weinmann – Berlin.

INHALTSVERZEICHNIS

DANKSAGUNGEN

Der überwiegende Teil der Fotos stammt von Robert Dunning, Solent-studios.com. David Peterson lieferte die Aufnahmen von Wong Shun Leung. Kevin Bell, Kevin McLaren und Christian Riley standen Modell. Für den Loi Lau-Teil war ebenfalls David Peterson zuständig. Er stand mir mit Rat, Ideen und Korrekturlesen zur Seite. Andre Ibbett unterstützte mich bei der Aufbereitung der Geschichte. Kevin McLaren schrieb das Kapitel „Kraft und Kondition", und Kevin Bell ist Autor des Abschnitts „Kampfpraxiserfahrung". Er trug auch sonst zum Gelingen des Buchs bei. Mark Page redigierte das Manuskript. Dank gilt auch meiner Familie – Sarah, Tabitha und Theo für ihre Liebe und Unterstützung.

Willst du dein Wing Chun weiter entwickeln, musst du immer eine ent-
scheidende Frage im Hinterkopf haben: „Macht die Idee, auf der du
aufbauen willst die Sache einfacher, direkter und effizienter?"

Wong Shun Leung (1935 - 1997)

VORWORT

Dies ist nun das dritte Mal, dass Alan Gibson mir die Ehre erweist, eine Einleitung zu einem seiner hervorragenden Bücher schreiben zu dürfen. Damit hat Alan mich nun auf seiner gesamten Reise auf der „Straße des Wing Chun" mitgenommen. Durfte ich ihm schon früher meine bescheidene Hilfe anbieten, so konnte ich diesmal nicht nur aktiv an der vollständigen Überarbeitung und Neufassung des Buchs, mit dem alles begann „**Why Wing Chun Works**" mitwirken, sondern auch – was noch wichtiger ist – wenigstens eine kleine Rolle bei Alans persönlicher Entdeckung des wunderbaren Vermächtnisses spielen, das uns allen von dem jüngst verstorbenen großen Wing Chun-Forscher und Philosophen **Sifu Wong Shun Leung** hinterlassen wurde.

Auf mittlerweile sechs sehr erfolgreichen und schönen Reisen nach Großbritannien im Lauf der letzten Jahre konnte ich mich sowohl während öffentlicher, als auch privater Trainingsstunden mit Alan und vielen seiner Mitstreiter austauschen. Dabei wurde ich selbst Zeuge von Alans starkem Wunsch, sich das Wissen und die Techniken der Wong Shun Leung-Methode nicht nur anzueignen, sondern auch weiterzuvermitteln. Sein unbefangener Umgang mit dem Lernen sowie seine Leidenschaft für das Lehren kommen in diesem hervorragenden Buch, das Sie gerade in den Händen halten, besonders stark zum Ausdruck.

Sollten Sie zu denjenigen gehören, die das Ursprungswerk gelesen haben, werden Sie sofort über die weiterführenden Details erstaunt sein, die nun nachträglich in den Text aufgenommen wurden. Gleichzeitig werden Sie aber auch den leserfreundlichen Schreibstil und die klare Darstellungsweise wiedererkennen, die Alans Bücher zu den besten ihres Genres machen. Ist dies jedoch das erste Mal, dass Sie eines von Alans Werken aus der Reihe „**Why Wing Chun Works**" lesen, werden Sie sicherlich schon bald begeistert sein.

Mit Hunderten - speziell für diese Auflage gemachten – Fotos hervorragend illustriert, mit erweiterten und auf den neuesten Stand gebrachten Kapiteln zu allen Aspekten dieser Kampfart sowie mit neuen detaillierten Abschnitten zu den Trainingsdrills und zusätzlichen Trainingskonzepten ist dieses Buch bei weitem das beste, das es heute für diejenigen gibt, die ein praxisorientiertes Werk zu Selbstschutzkonzepten und ein besseres Verständnis für die wesentlichen Aspekte der chinesischen Kunst des Wing Chun Kung Fu suchen.

In Bezug auf Geschichte, Konzepte, Techniken sowie vor allem bei entsprechender Würdigung dieses Kampfsystems im Ernstfall im Ver-

gleich zu anderen heutzutage praktizierten Kampfstilen, ist das vor-
liegende Werk ein Buch, das kein ernsthafter Kampfsportler guten
Gewissens ignorieren kann. Ich beglückwünsche Alan zu diesem hervorragenden Buch und den Leser zu seiner Kaufentscheidung – Ihnen
steht nun ein wahrer Schatz der Kampfkunstliteratur zur Verfügung!

Davis Peterson,

Cheftrainer und Gründer des Melbourne Chinese Martial Arts Club.

EINLEITUNG

Wing Chun, auch unter den Bezeichnungen Ving Tsun und Wing Tsun bekannt, ist eine Form des chinesischen Kung Fu. Anfangs noch als Familiengeheimnis gehütet, wurde diese hohe Kunst zunächst nur an Verwandte und enge Freunde weitergegeben, denen man vertraute. Die Effektivität des Wing Chun als anwendungsbezogene Kampfmethode ist hinlänglich belegt. Im Lauf der Jahre verfeinerte man sie, um sie einfach, direkt und effektiv zu gestalten.

Wing Chun setzt sein einzigartiges Verständnis von biomechanischen Vorgängen, Winkeln und Feingefühl dazu ein, Aggressionen abzubauen. Die Übungen sind in ihrer Vorgehensweise wissenschaftlich erprobt, und das Training kann anders als in Wettkämpfen in einer freundlichen Atmosphäre der Zusammenarbeit stattfinden. Einem Neuling ist es innerhalb eines Jahres möglich, zu einem erfahrenen Kämpfer heranzureifen, aber wie bei jeder wahren Kunst ist die reine praktische Fähigkeit lediglich ein Anfang. Es gibt immer Spielraum für in die Tiefe gehende Entdeckungen, Weiterentwicklung und individuelle Auslegung.

„Selbstverteidigung" ist nur eine Illusion, ein dunkler Mantel, unter dem ein rasiermesserscharfer Dolch darauf wartet, sich in das erste ahnungslose Opfer zu bohren. Wer auch immer behauptet, dass irgendeine heute hergestellte Waffe, sei es eine Atombombe oder eine 38er, für die Selbstverteidigung geschaffen wurde, sollte einmal etwas genauer in den Spiegel sehen. Er ist entweder ein Lügner, oder aber er macht sich selbst etwas vor.

Wing Chun Kung Fu ist eine äußerst raffinierte Waffe – und sonst gar nichts. Es ist eine Wissenschaft des Kampfes, deren Ziel die absolute Kampfunfähigkeit des Gegners ist. Sie ist geradlinig, effizient und notfalls tödlich. Willst du „Selbstverteidigung" lernen, lerne nicht Wing Chun. Für dich wäre es besser, du würdest die Kunst beherrschen, dich unsichtbar machen zu können."

Wong Shun Leung (1935 – 1997)

WORTE AN DEN LESER

Dieses Buch zu aktualisieren und über meinen eigenen derzeitigen Kenntnisstand nachzudenken, war für mich ein überaus faszinierendes und befriedigendes Unterfangen. Einige Teile blieben unverändert, doch viele große Abschnitte habe ich ersetzt und zahlreiche kleine (aber bedeutsame) Änderungen an den verbliebenen Textstellen vorgenommen. Es ist nicht etwa so, dass irgendetwas an der alten Version falsch gewesen wäre, doch ändert sich mein persönliches Trainingssystem mit zunehmender Erfahrung. Wing Chun ist keine Reise und auch kein Ziel. Meine schriftstellerischen Fähigkeiten haben sich ebenfalls verbessert, und so ist diese Neufassung des Ursprungswerks erheblich knapper gefasst und enthält wesentlich mehr Informationen, einschließlich eines detaillierten Kapitels zu Drills und zusätzlichen Trainingsmethoden.

Es ist wichtig, uns bewusst zu machen, dass wir im Rahmen von Wing Chun **Konzepte** trainieren, mit deren Hilfe wir darauf hinarbeiten, unsere Kampffähigkeit zu verbessern. Bei Wing Chun geht es nicht um im Voraus festgelegte Bewegungen, sondern um das Fühlen auf sowohl emotionaler als auch körperlicher Ebene. Wirst du also gefragt: „Was würdest du tun, wenn ich jetzt dieses oder jenes täte?", sollte deine Antwort ungefähr so lauten: „Ich habe keine Ahnung. Versuch doch, mich anzugreifen, und wir werden sehen, nach welcher Reaktion ich mich dann fühle." Ebenso dient es dem Verständnis eines Wing Chun-Schülers, wenn du ihm erklärst, dass die Namen der verschiedenen Bewegungen im Allgemeinen Verben und keine Nomen sind. Anders ausgedrückt beschreiben sie also Aktionen und keine Positionen.

Die Drills in diesem Buch wurden im Großen und Ganzen in die Reihenfolge gesetzt, in der man sie einem Neuling beibringt, wengleich es nicht verkehrt ist - von Wiederholungen einmal ganz abgesehen - Abwechslung in die Routine deines Trainings zu bringen. Es sollte problemlos zu erkennen sein, dass sich einfache Ideen zu einem späteren Zeitpunkt in komplexeren Bewegungstheorien wiederfinden.

Es ist leicht, jeden beliebigen Grundbaustein des Systems aus dem Gesamtgefüge zu nehmen, um ihn auf die Probe zu stellen und auf diese Weise dein Verständnis für seine Funktionalität zu verbessern.

Einige Trainingsbestandteile wie z.B. Stärke und Konditionierung sowie allgemeine Abwehrhaltungen sollten auf allen Trainingsebenen integriert werden. Sogar die elementarsten Drills müssen ständig wiederholt werden – ganz egal, für wie erfahren du dich hältst. „Yat Daam,

Yi Lik, Saam Gun Fu", lautet ein chinesisches Sprichwort, das mir an dieser Stelle einfällt. Es heißt übersetzt: „Als Erstes Mut, als Zweites Kraft, als Drittes über dein Können reden", und bedeutet: „Um zu kämpfen, brauchst du zuerst Mut und dann genügend Kraft, um einen Gegner mit deinem Angriff zu überwinden. Erst wenn du über diese Qualitäten verfügst (und auch wirklich nur dann) macht es Sinn, über dein Können zu reden.

Es ist eine gute Angewohnheit zu überlegen, von welcher Form das Element stammt, das du soeben trainierst. Wenn du deinen Lern-prozess immer wieder überprüfst, wertet dies auch dein Training der Einzeltechniken auf. Es bedeutet auch, dass du ein mentales Training absolvierst, wenn du deine Formen täglich übst. Erkennst du erst einmal die Ähnlichkeiten zwischen den Formen und wie sie die sich dahinter verbergenden Ideen ausgestalten, werden dir auch die Ver-bindungen zu anderen Elementen des Kampfs klar, und du wirst in die Lage versetzt, ganz im Sinn des Wing Chun zu denken. Vergiss aber dennoch nie die äußerst weisen Worte des Meisters Wong Shun Leung und denk daran, alles was du tust, einfach, direkt, effizient und vor allem effektiv zu tun.

Woran erkennt man einen guten Trainer?

Statt Dozent, Sifu, usw. bevorzuge ich den Begriff „Trainer", weil er andeutet, dass es möglich ist, das Können von jemandem zu verbes-sern, der ein besserer Kämpfer ist als man selbst. Dies erhält eine größere Bedeutung, wenn man älter wird. Ich werde niemals der beste Kämpfer der Welt sein, aber ich versuche, der beste Lehrer zu sein, der ich überhaupt sein kann. Etwas - ganz gleich auf welchem Niveau auch immer - zu unterrichten, ist eine Kunst für sich, die eine gute Kommunikationsfähigkeit sowie Aufgeschlossenheit erfordert.

Die Schüler sollten (sowohl verbal als auch körperlich) ermutigt wer-den, den Lernstoff zu hinterfragen. Man sollte niemals etwas tun, nur weil es einem so gesagt wurde oder weil es immer schon so war. Ebenso darf einem niemals eine Information verweigert werden, weil es sich dabei um ein „Geheimnis" handelt.

Stellt ein Schüler eine Frage, sollte ihm diese auf klare, präzise (und falls möglich auch auf wissenschaftlich belegbare) Art beantwortet werden, wobei der Verständnishorizont des Schülers zu berücksichti-gen ist. Man sollte sie weder mit einem mystischen Wortschwall noch irgendwelchem Hokuspokus vom Tisch fegen! Ein derartiges Verhal-ten ist wenig hilfreich und schlimmstenfalls sogar irreführend. Viele

Kampfsportarten sind von Geheimnissen und Widersprüchen umwoben. Das ist für niemanden gut, der etwas lernen möchte. Wing Chun kennt keine Geheimnisse, sondern nur unterschiedliche Auslegungen, also andere Möglichkeiten, die eigenen Fähigkeiten zum Ausdruck zu bringen.

Einem Lehrer sollte für seine Fähigkeit, etwas gut vermitteln zu können, Respekt entgegen gebracht werden. Niemals aber sollte man ihn fürchten, denn Einschüchterung ist eine Taktik, die unsichere Menschen verwenden, um ihre eigenen Unzulänglichkeiten zu kaschieren. Unter dem Strich kommt es für den Lernenden nicht darauf an, welcher Rasse der Lehrer angehört, wie stark oder schnell und nicht einmal wie geschickt er ist oder welchen Ausbildungsgrad er hat, sondern wie gut er dem Schüler Fähigkeiten vermitteln kann.

Hat ein Schüler einen Lerninhalt verinnerlicht, ist es gut, wenn er Anfängern die Theorie erklärt oder das Gelernte mit ihnen übt. Dies festigt nicht nur sein Verständnis auf dem betreffenden Gebiet, sondern hilft ihm auch bei der Vorbereitung, später selbst einmal ein guter Lehrer zu sein.

Warum Wing Chun nicht immer gleich ist

Wie bei allen Künsten lernen wir unsere Fähigkeiten von einem Trainer. Mit zunehmendem Fortschritt entwickelt sich daraus ein persönlicher Stil. Es kann durchaus sein, dass unser Stil anders ist als der unserer Lehrer. Der Grund hierfür liegt in unserer Befähigung zum eigenständigen Denken. Schließlich sind wir keine Roboter. Innovationen sind normal und in der Natur aller Künste verankert. Ohne Abwechslung wäre das Leben unglaublich öde.

Solange wir uns an die grundlegenden Richtlinien halten, die für den Kampfstil gelten, gibt es keine Einschränkungen. Wong Shun Leung sagte gern: „Mach dich nicht zum Sklaven des Systems." Es ist durchaus in Ordnung, eine andere Meinung zu haben. Oft ist der Kampf dann ein guter Weg, um unterschiedliche Auffassungen zu Fragen der Technik zu klären.

Ein Training unter Berücksichtigung dieser verschiedenen Auffassungen macht aus dir einen erfahreneren Kämpfer und kann für alle Beteiligten nur von Vorteil sein. Mit Hilfe dieses Verfahrens kann ein Schüler lernen, mit einem größeren Spektrum verschiedener Situationen umzugehen und sich mit den unterschiedlichen Methoden vertraut zu machen, mit denen andere Kampfstile Technik und Energieeinsatz nutzen. Natürlich gibt es manche Menschen, die nie die

Meinung eines Anderen gelten lassen, aber nicht immer liegt man völlig richtig und der Andere absolut falsch. Manchmal haben beide Parteien auf unterschiedliche Weise oder auf verschiedenartigen Verständnisebenen Recht.

Tradition, Geschichte und Legende

Vieles in der alten Geschichte des Wing Chun ist eine für politische Zwecke aufpolierte Legende, für die als solche keine Beweise existieren. Es gibt viele unterschiedliche Versionen seiner Vergangenheit. Ein großer Teil der Dokumentation, die es vielleicht einmal gegeben hat, wurde entweder beim Brand des Shaolin Tempels oder während der Kulturrevolution zerstört. Als Folge hiervon beruhen „Beweise" oft auf Hörensagen und gelten nicht immer als zuverlässig. Die Aktivitäten Yip Mans während seiner Lebenszeit wurden in dem Buch „Grandmaster Yip Man Centenary Birth" (1993) durch seinen ältesten Sohn Yip Chun glaubhaft dokumentiert.

Der Shaolin Tempel

Man weiß, dass die Shaolin Tempel für die Lehre des Kung Fu ebenso von großer Bedeutung waren wie die Entstehung von Geheimbünden wie die Triaden, der Weiße Lotus, die Acht Trigrame und die Boxer. Der erste Shaolin Tempel lag in der Provinz Henan und wurde um 495 v. Chr. durch Kaiser Xiao Wen, aus der Nördlichen Wei Dynastie, errichtet.

Shaolin war bei der Verbreitung des Buddhismus im Osten äußerst einflussreich. Der Haupttempel lag am Fuße des Songshan („Hoher Berg"), einem der fünf heiligen Berge Chinas. Ursprünglich war er für einen indischen Mönch, den die Chinesen unter dem Namen Batuo kannten, erbaut worden. Seine Statue – einen großen, freundlich aussehenden Mönch – findet man oft in chinesischen Buddhistenklöstern.

Später, im sechsten vorchristlichen Jahrhundert besuchte Bodhidharma, ein anderer indischer Mönch, den die Chinesen Da Mo nannten, den Shaolin Tempel. Dort unterwies er die Mönche in Meditationstechniken.

Sein Unterricht begründete eine neue Schule des Buddhismus, die in China unter dem Namen Chan und in Japan später als Zen bekannt wurde. Die Mönche mussten lange Meditationsphasen durchstehen, die ihnen dabei halfen, ihre Müdigkeit zu überwinden. Da Mo brachte ihnen Atemtechniken bei, von denen man annimmt, dass sie den Anfang der Kampfkunst bildeten.

Auf dem Höhepunkt seiner Blütezeit, ungefähr vor 1300 Jahren, beherbergte der Tempel schätzungsweise 1500 Mönche, von denen rund 500 über Kampferfahrung verfügten. Kaiser Tai Zong bat den Tempel, eine kleine Truppe Mönche im Kampf auszubilden, auf die er sich in jeder Gefahrensituation verlassen konnte. Der dankbare Kaiser versuchte diese Mönche dazu zu überreden, als „Vollzeit-Leibwächter" an seinem Hof zu arbeiten, doch sie wiesen ihn mit der Begründung ab, dass es auch ihre Pflicht sei, den Tempel sowie die dort lebenden Mönche zu schützen.

Ungefähr 1000 Jahre später bat ein anderer Kaiser den Tempel um Unterstützung. 1674 kamen 128 Mönche unter Führung des ehemaligen Ming-Partisanen Zheng Guande dem Qing-Kaiser Kangxi zur Hilfe. Zheng hatte kurz zuvor gegen die mandschurischen Kaiser gekämpft und sich dann zum Studium in den Tempel zurückgezogen. Die kämpfenden Mönche waren dem Kaiser eine große Hilfe. Nach der Schlacht lehnten sie jedoch eine hauptberufliche Anstellung am kaiserlichen Hof ab und zogen es stattdessen vor, in den Tempel zurückzukehren.

Man redete dem Kaiser ein, dass es eine Beleidigung sei, auf eine solche Weise abgewiesen zu werden, und so entsandte er eine von dem abtrünnigen Mönch Ma Ningyi angeführte Armee aus, die das Kloster angriff. Nur wenige Mönche überlebten und der Tempel wurde bis auf die Grundmauern niedergebrannt. Der Legende nach machten sich fünf der überlebenden Mönche auf die Reise, um neue und bessere Kampftechniken zu entdecken.

Sie wurden als die „Fünf Ahnen" oder „Die Ehrbaren Fünf" bekannt. Man glaubt, dass ihnen das Überleben der Shaolin-Kampfstile zu verdanken sei.

Da die Beherrschung der klassischen Shaolin-Kampfkünste viele Jahre in Anspruch nahm, glaubte man kaum, dass irgendein neuer Kampfstil in einer deutlich kürzeren Zeit zu vermitteln sei, zumal sich die damaligen Meister gerade der Manchu-Regierung unterwarfen.

Mitte des 17. Jahrhunderts

Die Mönche begannen mit der Entwicklung der Grundlagen dieser neuen Kampfkunst, doch bevor man sie in die Praxis umsetzen konnte, wurde der Tempel erneut überfallen. Dabei kamen viele Mönche ums Leben. Unter denen, die entkommen konnten, befand sich eine buddhistische Nonne namens Ng Mui. Sie war die Älteste und außerdem eine sehr gute Boxerin. Mit dem Wissen, das sie sich angeeignet hatte und mit Hilfe einiger Aufzeichnungen der ermordeten Mönche unterrichtete sie ein junges Mädchen mit Namen Yim Wing Chun (Singt der Frühlingszeit Lobgesänge), das der Hoffnung auf die Zukunft neue Nahrung gab. Der Kampfstil wurde später nach diesem Mädchen benannt, das sich damit (den Erzählungen nach) einen unerwünschten Freier erfolgreich vom Leib hielt.

1700 bis 1800

Im Laufe der Zeit heiratete Yim Wing Chun und teilte ihr Wissen mit ihrem Ehemann Leung Bok Cho, der zu einem besonders engagierten Botschafter des Kampfstils wurde. Leung Bok Cho gab seine Kenntnisse an einen Kräuterheilkundigen namens Leung Jan Kwai weiter, der wiederum Wong Wah Bo unterrichtete, der einer Operntruppe mit dem Namen „Die rote Dschunke" angehörte. Über die Rote Dschunke gibt es zahlreiche Legenden. Einer solchen zufolge führte man Leung Yee Tai dort in die Kampfkunst ein. Er war der Steuermann der Dschunke, dem einer der Tempelältesten, der ehrenwerte Mönch Jee Shin, beibrachte, wie man die Ruderstange des Schiffs zum Kämpfen einsetzen konnte.

Auf diese Weise fand die Langstockform Eingang in den Kampfstil. Butterfly-Messer wurden möglicherweise ebenfalls zur Zeit der Roten Dschunke eingeführt.

Ende des 19. Jahrhunderts

Hier beginnen nun zuverlässigere Aufzeichnungen.

Vor ungefähr 100 Jahren gehörte Leung Jan, ein begabter Arzt aus Foshan, zu den wenigen Auserwählten, denen ein Wing Chun-Training zuteil wurde. In seinen Kreisen genoss er großen Respekt als ehrenwerter Mann, der nie mit seinen Kung Fu-Kenntnissen prahlte. Im Haus neben Leung Jan wohnte ein Geldwechsler namens Chan Wa Sun. Dieser war ein athletischer Kämpfer, der seinen Nachbarn ebenfalls wegen seines Könnens respektierte. Chan Wa Sun bat Leung Jan, ihn zu unterrichten.

Schließlich beschloss Leung, Chan in die Lehre zu nehmen, aber er unterrichtete den großen und starken Mann nicht in der gleichen Weise wie seine Söhne Leung Bik und Leung Chun, die von kleinerer Statur waren und deshalb andere Techniken benötigten, um stärkere Gegner zu überwältigen. Später zog Leung Bik nach Hong Kong, während Chan Wa Sun in Foshan blieb, wo er seine Gefolgschaft aufbaute.

1899 bis 1905

Unter seinen Schülern befand sich ein junger Knabe namens Yip Man. Yip Man bot Chan 300 Silberlinge als Gegenleistung für dessen Unterricht. Zunächst lehnte Chan das Angebot ab, da er glaubte, dass das Geld gestohlen sei. Nach einem Besuch bei den Eltern des Jungen, stellte er jedoch fest, dass dieser hart dafür gearbeitet hatte und nahm ihn dementsprechend beeindruckt in den Kreis seiner Schüler auf.

Yip Man lernte vier Jahre lang unter Chans Leitung. Nach dessen Tod trainierte er den Wünschen seines Meisters folgend unter Ng Chung So, um seine Kenntnisse zu vervollständigen.

1908

Yip Man zog nach Hong Kong, um dort zu studieren. Zu diesem Zeitpunkt hatte Yip Man bereits einen guten Ruf als Kämpfer. Einige seiner Freunde stellten ihn einem exzentrischen, alten Gelehrten vor, der für seine Künste bekannt war. Dieser alte Mann war niemand anderes als Leung Bik, der noch lebende Sohn des Leung Jan, der ihn auf seine Art unterrichtet hatte. Leung Bik nahm Yip Man in seine Schülerschaft auf und lehrte ihn viele neue und andersartige Methoden. Mit seinem neu erworbenen Wissen kehrte Yip Man schließlich nach Foshan zurück.

In den folgenden 20 Jahren arbeitete er im Armee- und Polizeidienst. Er heiratete und hatte vier Kinder. 1937 erfolgte die Invasion der Japaner in Südchina. Während dieser harten Zeit führte er sein Training fort und begann 1941 mit der Ausbildung einer neuen Schülergeneration.

1949

Nach dem Krieg kamen die Kommunisten 1949 an die Macht. Yip Man musste alles aufgeben und nach Macao fliehen.

Schließlich kehrte er mit Leung Sheung, der dort sein erster Schüler wurde, nach Hong Kong zurück. Im Gebäude der „Restaurant Workers Union" gründete er eine Wing Chun-Schule. Hier wuchs sein guter Ruf als talentierter Wing Chun-Kämpfer und Lehrer.

Yip Mans Umzüge nach Macao und dann nach Hong Kong waren für die Entwicklung des Wing Chun von großer Bedeutung; wäre er in China geblieben, hätte sich die Kampfkunst wie sie in ihrer traditionellen Form gelehrt wurde, wahrscheinlich verändert. Neueren Forschungen zufolge erachteten die Kommunisten die Kampfkünste als unnütz und unzeitgemäß. Sie veränderten die Inhalte vieler Techniken, versahen sie mit neuen theatralischen und akrobatischen Bewegungen, um ihre Attraktivität zu steigern und nannten sie „Modernes Wushu". Die kommunistische Regierung durchsetzte diese neuen Kampfkünste mit westlichen Idealvorstellungen des sportlichen Wettbewerbs und förderte das moderne Wushu einerseits als Mittel zur Stärkung des sozialistischen Staatsgedankens und andererseits als Mittel zur Auflösung der geheimnisvollen, rebellischen Aura, die die Kampfkünste in der Vergangenheit stets umgeben hatte.

Während der nächsten 22 Jahre unterrichtete Yip Man zahlreiche Schüler, von denen manche selbst zu Meistern wurden und Wing Chun auf der ganzen Welt verbreiteten. Yip Man starb am 1. Dezember 1972 im Alter von 79 Jahren in seiner Wohnung in Hong Kong. Seine Söhne Yip Chun und Yip Ching unterrichten Wing Chun weiter.

Während dieser Zeit brachte Yip Man sein System einem Kämpfer namens Wong Shun Leung bei.

Wong entwickelte daraufhin seine eigene Interpretation des Stils, die auf seiner Erfahrung mit Beimo – d.h. Herausforderungskampf - basierte. Er war ein einzigartiger und intelligenter Faustkämpfer. In seinen vielen Herausforderungskämpfen in Hong Kong, in denen er gegen Meister vieler verschiedener Kampfsportarten antrat, blieb er unbesiegt. Wong nannte seinen Stil Ving Tsun Kuen Hok (wissenschaftliches Wing Chun). Er bevorzugte die Schreibweise mit „V" und „T", nachdem Gegner des Stils es in Anlehnung an die Abkürzung „WC" für Toilette in „Klo-Faust" umbenannt hatten. Sein Stil erhielt im richtigen Kampfgeschehen den letzten Schliff und wurde auf diese Weise direkt und wirkungsvoll. Wong wurde auch als Bruce Lees Mentor und Trainer bekannt (obwohl Lee die Technik bei Yip Man erlernt hatte), mit dem er bis zu dessen Tod einen regen Gedankenaustausch pflegte. Wong Shun Leung verstarb am 29. Januar 1997. Noch heute unterrichten seine Schüler Wing Chun auf der ganzen Welt.

Die Siebziger Jahre

Der berühmteste Schüler Yip Mans war natürlich Bruce Lee. In Fernost hatte sich Lee bereits als Schauspieler der Hong Kong-Filmindustrie einen Namen gemacht. Mit dem Hollywood-Kassenschlager „Der Mann mit der Todeskralle" wurde er praktisch über Nacht in der ganzen Welt berühmt. Der Erfolg dieses Films in den Siebziger Jahren löste im Westen eine Welle des Interesses an Kung Fu und asiatischer Kultur aus.

Wing Chun profitiert immer noch von seinem reichhaltigen Erbe und seiner Geschichte. Dank der Bestrebungen und dem Wissensdurst der großen Zahl derer, die es heute praktizieren, lebt Wing Chun noch immer, breitet sich aus und entwickelt sich weiter als eine Kunst, eine Technik sowie eine äußerst praktische Kampfmethode.

Abb. 1 Wong Shun Leung mit seinem Schüler David Peterson

DIE GRUNDLAGEN DES WING CHUN

Triangulation

Die Stärke des Wing Chun liegt in seiner Struktur und seinem auf das menschliche Skelett bezogenen Aufbau. Dies lässt sich leichter erklären, wenn man den Körper unter dem Aspekt geometrischer Formgebung betrachtet. Die Formen eines Dreiecks oder einer Pyramide sind einfach nachvollziehbar, erleichtern das Verständnis der Grundbegriffe des Wing Chun und vergrößern den Lernerfolg (Abb. 2).

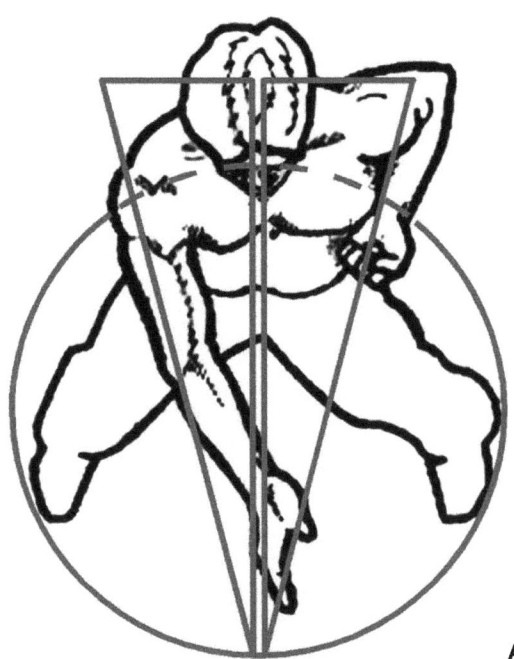

Abb. 2

Die Triangulations-Theorie ist in Anbetracht der Strukturierung unseres Körpers leicht zu begreifen und umzusetzen. Aufgrund seiner Triangulation ist der Stand fest und stabil. Dies wiederum unterstützt den Oberkörper, der den triangulierten Hand- und Armbewegungen eine stabile Ausgangsposition verschafft. Unsere Hände und Arme müssen wie ein Keil eingesetzt werden. Dadurch werden unsere Gegner sowie deren Angriffe seitlich abgewehrt (Abb. 3).

Wenn wir so verfahren, können wir uns überlegen, ob wir diesen Keil in die Mitte oder an der gegnerischen Deckung entlang treiben. Bei richtiger Anwendung sorgt die Triangulation dafür, dass unsere Gliedmaßen den Vorteil gut gewählter Winkel und nicht etwa übermäßige Muskelkraft nutzen. Diese Methode ist deshalb zu bevorzugen, weil die Gliedmaßen hierbei entspannt bleiben und deshalb schnell und fließend von einer Position in die andere gebracht werden können, ohne durch Muskelanspannung behindert zu werden.

Einige Wing Chun-Stile verwenden ein größeres Dreieck, bei dem sich die Spitze (die Stelle des Kontakts) am Handgelenk befindet, wohingegen andere – insbesondere das Ving Tsun des Wong Shun Leung – einen geringeren Abstand bevorzugen, den Ellenbogen zur Kontrolle des Gegners einsetzen und die Hand für den Schlag freihalten.

Abb. 3

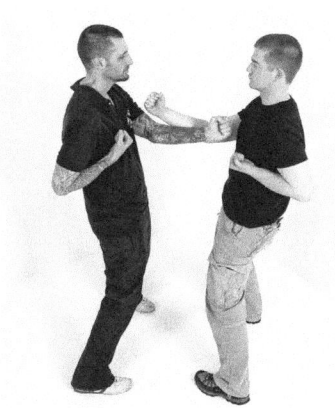

Die Theorie der zentralen Achse

Die Wendung ist leichter zu verstehen, wenn man die Theorie der zentralen Achse zu Grunde legt. Dieses Konzept ist - auf seine einfachste Stufe reduziert - eine imaginäre Linie oder Fläche, die sich von deiner Mitte nach außen hin – normalerweise in Richtung deines Gegners - erstreckt. Man könnte sie auch als die Richtung bezeichnen, in die du deine Aufmerksamkeit oder deine Absichten fokussierst. Interessant ist, dass es sich dabei gleichzeitig auch um den kürzesten Weg zwischen deinem Körper und dem deines Gegners handelt.

Wenn kein Kontakt zu deinem Gegner besteht, liegen in der Regel sowohl die vordere Hand (Man Sau) als auch die hintere Deckungshand (Wu Sau) auf der zentralen Linie (Abb. 4a + b). Diese Linie dient dazu, die Richtung der gegen dich eingesetzten Kräfte herauszufinden oder einzuschätzen, damit du dich für eine angemessene Aktion entscheiden kannst. Wird die Linie der zentralen Achse richtig abgedeckt, ist der Gegner gezwungen, für seinen Angriff einen längeren Weg zu wählen, als der, über den dein eigener Angriff führt. In dieser Situation bietet sich dem Gegner nur eine Alternative, nämlich zu versuchen, die Linie der zentralen Achse durch den Einsatz von Kraft zu durchbrechen.

Wenn Kraft eingesetzt wird, um einen Angriff zu kontern, kann man sich dies schnell zu Nutze machen. Aus einer starken Position heraus, kann man einen Angriff ausführen, der nicht ohne den Einsatz von Kraft gestoppt werden kann. Beachten wir die Grundregeln des Wing Chun und greifen mit einfachen und direkten Schlägen an, ist die Wahrscheinlichkeit größer, dass wir erfolgreich sein werden. Gegner, die ihre Zuversicht verlieren, legen zuviel Intensität in ihre Angriffe und liefern uns die Informationen, die wir benötigen, um sie zu besiegen. Natürlich spielen im richtigen Kampf noch weitere Aspekte wie physische und mentale Verfassung sowie Mut eine Rolle.

Abb. 4 (a + b) Die Linie der zentralen Achse ist eine imaginäre Fläche, die sich mit uns bewegt. Sie hilft uns, unsere Triangulation einfacher zu machen bzw. sie auszurichten.

Natürlich ist es wünschenswert, die Linie der zentralen Achse wirkungsvoll abzudecken. Ebenso ist es wichtig, die Angriffe auf das Zentrum auszurichten (welches nicht immer identisch mit der Linie der zentralen Achse ist) und das nicht nur, weil empfindliche Stellen entlang der Mitte des Körpers verlaufen.

Wenn wir einen Schlag gegen unseren Gegner ausführen, soll er die größt mögliche Wirkung erzielen. Wir möchten, dass ihn die ganze Kraft trifft, die wir in unseren Angriff legen. Wenn wir wollen, dass unser Gegner die ganze Wucht des Schlags abbekommt, dürfen wir es nicht zulassen, dass er sich dreht, um dessen Kraft verpuffen zu lassen oder sie für seinen eigenen Gegenangriff nutzt. Dies ist der Grund, warum man Angriffe auf die Mitte ausrichtet.

Trifft der Schlag mittig, so trifft den Gegner die ganze Kraft. Er wird zurückgeschleudert oder er verliert den sicheren Halt seines Standes. Folglich ist er nicht mehr in der Lage, Kräfte für eine Wendung zu mobilisieren und kann nur noch zu uneffektiven Gegenangriffen ansetzen. An dieser Stelle ist es wichtig, sich klar zu machen, dass es sich bei dem Zentrum um eine Linie handelt, die vom Ausgangspunkt der ankommenden Kraft zum Mittelpunkt (oder zentrale Achse) des Körpers verläuft. Dies ist nicht dasselbe, wie eine Linie, die man an der Vorderseite eines Körpers entlang zieht, es sei denn, der Angriff erfolgt geradlinig im rechten Winkel zum Körper.

Abb. 5 Schläge sollten gegen die Mitte des Körpers gerichtet sein, was dem Geg-

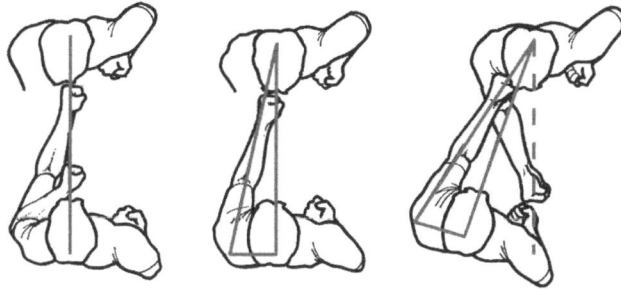

ner eine Wendung erschwert. Dadurch erhält der Schlag die größt mögliche Wirkung.

Bei Wing Chun trifft der geradlinig ausgeführte Schlag normalerweise im rechten Winkel, wenn er über die Innenlinie geführt wird. Wird er jedoch an der Außenseite des gegnerischen Arms entlang geführt, muss er den Körper in einem Winkel treffen, der von der Schulterbreite des Gegners und dem Richtungsverlauf der Linie zum Mittelpunkt abhängt. Wir müssen sicher stellen, dass unsere Energie durch die zentrale Achse unseres Gegners hindurch wirkt (obwohl es auch durchaus möglich ist, jemanden mit einem flüchtigen Treffer K.o. zu schlagen). Ein Beispiel hierfür ist die Absicht eines Snooker- oder Poolbillardspielers, die weiße Kugel sofort nach dem Treffen einer farbigen Kugel an der Stelle der Berührung zum Stillstand zu bringen. Die Berührung müsste im rechten Winkel erfolgen. Träfe man die farbige Kugel schräg, würde sich die weiße Kugel nach dem Aufprall weiter bewegen, weil sie durch die Berührung nicht all ihre Kraft an die andere Kugel verloren hätte.

Abb. 6 Bei einer Kombination der letzten drei Grundregeln sehen wir: Wendest du dich (oder gehst du) aus dem Weg eines auf dich zukommenden Angriffs, erfolgt der Gegenangriff zur Mitte hin, jedoch entlang einer neuen Linie. Die Triangulation hilft dir dabei, den Angriff abzulenken und gleichzeitig eine starke Position zu behaupten.

Kontaktreflexe

Aufgrund der auf engen Kontakt reagierenden Natur des Wing Chun werden Reaktionen schnell im Nervensystem des Übenden gespeichert, wo sie zu Reflexen werden. Dies ermöglicht es dem Übenden, viel schneller zu reagieren als dies bei einem Reflex auf eine visuelle Wahrnehmung möglich wäre. Der richtige Reflex erfolgt unmittelbar und muss von seiner Geschwindigkeit her auf das Tempo des Kampfes abgestimmt werden.

Kontaktreflexe räumen dem Gehirn auch mehr Zeit ein, sich auf andere, z.B. strategische Aspekte zu konzentrieren. Ohne diese Methode müsste man die Art und Weise eines jeden einzelnen Angriffs erkennen und verstehen, eine passende Verteidigung wählen und dann entsprechend reagieren. Dies ist bei einem Kontaktreflex nicht nötig, da die Reaktion sofort erfolgt.

Die Übungen und Drills beim Wing Chun bringen den Armen und Händen bei, wie Sensoren zu arbeiten, die es uns möglich machen, Richtung, Intensität und Geschwindigkeit einer Bedrohung zu erfühlen. Die Bewegungen und Handtechniken, die wir ausführen, sind ein Ergebnis der Handlungen unseres Gegners. Mach dir bewusst, dass die Bewegung, die dazu dient, von einer Stellung zur nächsten zu wechseln, wichtiger ist als die endgültige Position selbst.

Unsere Arme und unser Körper müssen auch als Stoßdämpfer funktionieren. Es kann sein, dass eine Bewegung zu schnell für uns ist, um darauf zu reagieren oder aber so unbedeutend erscheint, dass sie uns keine Reaktion wert ist. In solchen Fällen müssen wir uns schützen, bis wir uns darüber im Klaren sind, was da soeben geschieht. Diese Stufe des Könnens erreicht man über das Training der Wing Chun-Drills.

Loi Lau Hoi Sung, Lat Sau Jik Chung

An dieser Stelle lohnt es sich, sich den berühmten Reim ins Gedächtnis zu rufen, der das komplette Wing Chun System mit wenigen Worten auf den Punkt bringt. Die Loi Lau Hoi Sung, Lat Sau Jik Chung-Theorie des Wing Chun ist im Grunde genommen die Basis, die festlegt, wie das ganze System eigentlich funktioniert. Wenn man so will, ist es eine perfekte Zusammenfassung, die uns erklärt, wie Wing Chun (und speziell die Wong Shun Leung Methode) vonstatten geht. „Loi Lau" bezieht sich darauf, dass der Feind beschäftigt werden muss und heißt wörtlich übersetzt: „Bleib bei ihm, wenn er kommt". Mit anderen Worten bedeutet dies, dass wir (gemäß der Cham Kiu-Theorie) zusammen mit dem Angriff eine Brücke bilden, indem wir seinen Verlauf kreuzen. Nach meiner Erfahrung erreicht man dies am Besten mit einem sanften Vorstoß, bei dem der zuerst in Aktion tretende Arm nur wenig oder gar nicht versteift wird. Stattdessen eignet sich eine eher „schwammige" Annäherung, bei der man die Stärke des Knochenbaus nutzt und diese durch eine entspannte Muskelarbeit unterstützt. Dies ist genau das, was wir auch immer dann anstreben, wenn wir Fook Sau aus der Nim Tau-Form anwenden, wenngleich der Loi Lau-Aspekt dieser Theorie auch die Grundideen von Siu Nim Tau und Cham Kiu umfasst.

„Hoi Sung" weist auf die Wichtigkeit hin, Fehler des Gegners auszunutzen, die dieser begeht, wenn sich sein Schwerpunkt verlagert, sobald er eine Hand, ein Bein oder den Körper zurückzieht. Normalerweise, und damit den Grundregeln menschlicher Bewegungslehre und Physik folgend, bewegt man immer dann, wenn man ein Körperteil nach vorn bringt, eine andere Extremität oder einen Teil des Körpers in die entgegengesetzte Richtung, um die Stellung auf diese Weise auszubalancieren. Gut trainierten Wing Chun-Kämpfern unterläuft dieser „Fehler" nicht so häufig, da sie insbesondere durch Chi Sau und damit verbundene Drills lernen, ihre Gliedmaßen relativ unabhängig voneinander zu bewegen. Oft kommt es dabei vor, dass ein Arm einen Angriff ausführt, während der andere völlig unbeweglich bleibt und die Hände des Gegners unter Kontrolle behält. Falls und sobald ein Gegner also ein Körperteil oder sogar den ganzen Körper zurückzuziehen versucht, folgen wir diesem Rückzug in Anlehnung an die Hoi Sung-Theorie und versuchen entweder ein Schlupfloch für unseren Angriff zu finden oder aber zumindest die Situation weiterhin zu kontrollieren und zu beherrschen. Dies bedeutet jedoch nicht, dass wir den Händen des Anderen ohne nachzudenken hinterher jagen.

Der Schluss des Verses - Lat Sau Jik Chung - ist definitiv der wichtigste und von Wong Sifu am häufigsten zitierte Bestandteil des Reims, wenn er seinen Zugang zu Wing Chun auf den Punkt bringen wollte. „Wenn die Hände frei sind, greif direkt ohne zu zögern an" lautet eine recht wortgetreue Übersetzung dieses Verses (einer meiner chinesischen Kollegen, der keinen Kampfsport betreibt übersetzte es mit „Greif ohne Sorgen an"), der am besten beschreibt, was wir zunächst mit Hilfe der Siu Nim Tau-Form (in der ersten Sektion) zu entwickeln und dann über Chi Sau und andere Drills weiter auszubauen versuchen.

Wong Sifu betonte oft, dass dies den Unterschied zwischen gutem und hervorragendem Wing Chun ausmache, womit er sagen wollte, dass derjenige, der Lat Sau Jik Chung für sich nutzen könne, meistens siegreich sein würde. Auch hierbei geht es wieder um Entspannung und den Einsatz eines sanften Widerstands gegen eine stärkere Kraft. Das gilt sogar dann, wenn die Arme ein gutes Stück von der zentralen Achse entfernt sind, da der Ellenbogen immer seinen Weg zum Zentrum zurück findet und die Faust oder Handfläche direkt zum Schwerpunkt des Gegners treibt.

Um alle drei Teilbereiche besser zu verstehen und weiterzuentwickeln, wendest du dich wieder der Siu Nim Tau-Form zu, schaltest einen Gang zurück, entspannst dich, überprüfst und korrigierst deine Körperhaltung und übst einfache Drills mit gleichgesinnten Trainingspartnern.

Gleichzeitiger Angriff und Verteidigung

Gleichzeitig anzugreifen und zu verteidigen bedeutet nicht nur eine Sache (Verteidigung) mit der einen und eine andere (Angriff) mit der anderen Hand zu tun. Bei Wing Chun geschieht dies beinah die ganze Zeit über. Gleichzeitiger Angriff und Verteidigung heißt auch, dass ein und die selbe Hand für zwei Aufgaben gleichzeitig eingesetzt wird.

Bei der Verteidigung der zentralen Achse, mehr noch als beim Folgen der Hände eines Gegners, ist es möglich, mit nur einem Arm einen Angriff abzuwehren und gleichzeitig einen Vorstoß zur Mitte deines Gegners auszuführen. Oft kommt es zu einer Situation, in der der Ellenbogen die Kontrolle über einen Arm ausübt, während Hand und Handgelenk immer noch frei sind, um die Mitte anzugreifen. Die Position des Ellenbogens zur Kontrolle des Gegners einzusetzen, anstatt verzweifelt mit den Händen an ihm zu kleben, hilft dir, stark und doch entspannt zu sein. Das gelingt, weil du im Vergleich zu den kleineren und schwächeren Muskeln der Arme größere und wesentlich stärkere Muskelstränge im Rücken- und Brustbereich beanspruchst.

Abb. 7

Mehr Kraft aus dem Ellenbogen

Wing Chun Trainer sprechen oft von Ellenbogenenergie. Diese Methode hilft zu verstehen, wie man die richtigen Muskeln zur Erzeugung der größt möglichen Kraft einsetzt und dabei Spannungen im Arm vermeidet.

Die Positionierung der Ellenbogen wird beim Wing Chun besonders intensiv eingesetzt, um durch Deflektion (seitliches Wegschieben) abzuwehren oder die Arme und Hände eines Gegners einzuklemmen, festzuhalten oder zu kontrollieren. Beim Angriff befindet sich die Handfläche oder die Faust normalerweise in einer aufgerichteten und hohen Haltung, wenn sie sich auf der Innenseite eines Arms befindet (unter Anwendung von Tan Sau). Dadurch wird die nach außen hin wirkende Hebelkraft des Ellenbogens beibehalten. Befindet sich dein Arm an der Außenseite des gegnerischen Arms, muss der Ellenbogen innen sowie unten gehalten werden, um das Zentrum dicht zu machen (unter Anwendung von Fook Sau). Das hat zur Folge, dass die Faust oder die Handfläche leicht senkrecht abgewinkelt wird.

Beachte den Unterschied zwischen den Jing Jeung- und Waang Jeung- Schlägen mit der Handfläche am Ende der ersten und zu Beginn der dritten Sektion von Siu Nim Tao.

Wirksamer Einsatz von Energie und Kraft

Bei Wing Chun geht es darum, so wirkungsvoll wie möglich zu sein und die besten Ergebnisse mit einem Minimum an Aufwand zu erzielen. Dazu müssen die Arme während des Bewegungsablaufs entspannt sein. Dies ermöglicht es ihnen, Formen schnell und doch fließend zu verändern. Anspannung kommt nur kurzfristig ins Spiel, in der Regel beim Auftreffen eines Schlags oder beim Erreichen einer bestimmten Position. Nach einem Schlag geht der Arm sofort wieder in seine entspannte Position zurück, was ihm eine neue Bewegungsfreiheit verleiht.

Angriffsbewegungen werden auf unverkrampfte und entspannte Weise nach vorn hin ausgeführt. Sobald der Angriff von seinem Ziel abweicht oder der Einfallswinkel abgedeckt wird, müssen sie entsprechend geändert werden. Versuche nicht, eine Angriffslinie mit aller Macht aufrechtzuerhalten. Ändere stattdessen den Winkel oder entscheide dich für eine andere Form. Die Tatsache, dass ein Angriff seinen Weg ins Ziel nicht findet, sollte ein deutlicher Hinweis für die Notwendigkeit einer Veränderung sein.

Weitere Vorteile eines entspannten Trainings sind eine höhere Wahrscheinlichkeit, die richtigen Muskeln einzusetzen sowie ein geringeres Risiko, schnell zu ermüden. Dadurch wiederum kannst du dein Training über einen längeren Zeitraum hinweg genießen.

Wing Chun ist bekannt für seine Schnelligkeit sowie dafür, dass man aus einem sehr geringen Abstand heraus explosive Kräfte freisetzen kann. Die Fähigkeit hierzu hängt hauptsächlich von der richtigen Körperhaltung bei einem effizienten Einsatz der Muskeln und dem Bewegungsablauf des gesamten Körpers ab. Forderst du jemanden auf, seinen Arm „stark" zu machen, wird dieser normalerweise alle Muskeln (Bizeps sowie Trizeps) anspannen, um seine Muskeln zu zeigen. Das sieht „stark" aus und fühlt sich auch so an. Da die beiden Muskelstränge in Wirklichkeit jedoch antagonistisch, also gegeneinander arbeiten, handelt es sich hier jedoch keineswegs um eine nützliche Stärke! Vielmehr sollten wir uns die Frage stellen: Stark in welche Richtung?

Wenn ein Gewichtheber aus der Rückenlage heraus drückt, ist sein Bizeps dabei völlig entspannt. Dadurch können Trizeps, Delta und Brustmuskulatur ihre volle Wirkung entfalten. Daraus folgt, dass der Schlag beim Wing Chun den Bizeps allenfalls benötigt, um ein zu weites Ausstrecken des Arms zu unterbinden oder geringfügige Korrekturen vorzunehmen. Jede gleichzeitige Anspannung des Oberarms würde die dynamische Aktion des Schlags verlangsamen.

Die Position des Ellenbogens in Ausrichtung mit der Schulter, dem Handgelenk und den Knöcheln sowie die Muskelanspannung im Moment des Aufpralls sorgen dafür, dass die Energie, die wir gegen unseren Gegner einsetzen, richtig bei ihm ankommt. Danach muss der Arm sofort wieder in den entspannten Zustand zurückkehren, um weitere Handlungen zu ermöglichen. Der richtige und effiziente Einsatz von Muskeln und Gelenken sollte im Rahmen der Formen erlernt und bei jeder Aktion beherzigt werden. Bleibst du entspannt, bist du schneller, stärker und in deinen Bewegungen weniger verkrampft. Damit provozierst du den Gegner, dir zu zeigen, wie du ihn am besten treffen kannst.

Kraft aus der Nahdistanz (Short Force) und der Inch Punch

Wing Chun ist berühmt für seinen „Inch Punch" (1 Inch = 2,54 cm), der sich eigentlich auch gut als Partygag eignet. Während es auf der einen Seite einen Mordsspaß macht, ihn den staunenden Freunden vorzuführen, besteht der eigentliche Sinn der Short Force darin, den Kämpfer in die Lage zu versetzen, auch aus einer Position, bei der der Arm weit ausgestreckt ist, zu schlagen, ohne den Arm zu Beginn der Aktion zurückziehen zu müssen. Diese Technik wird zunächst in der zweiten Sektion der Siu Nim Tao-Form gezeigt und später an verschiedenen anderen Stellen dieser Form sowie im Rahmen der Cham Kiu- und Biu Ji-Formen weitergehend veranschaulicht. Die Muk Yan Jong-Form (Holzpuppenform) beinhaltet ebenfalls Beispiele für die Anwendung dieser Technik.

Bei richtigem Training ist es nicht schwer, die Short Force in den Griff zu bekommen. Wenn es gelingt, dir die Muskelanspannung, die Ausrichtung der Gelenke sowie die Bewegung aus dem Stand auf die richtige Weise zu eigen zu machen, triffst du mit dem Gewicht des gesamten sich bewegenden Körpers und nicht nur mit dem Gewicht und der Geschwindigkeit des jeweiligen Körperteils. Wenn du deinen Stand unterstützend beim Schlag einsetzt, sorgt dies für maximale Kraft bei minimalem Aufwand. Die Short Force lässt sich aus nahezu allen wichtigen Gelenken einschließlich Ellenbogen, Schultern, Füßen, Knien und sogar Hüften aktivieren.

Die Bedeutung von Stand und Stellung

Der Stand beim Wing Chun wird häufig falsch verstanden, weil er auf den ersten Blick und bei der ersten Ausführung extrem schwierig erscheint. Doch wie bei vielen anderen Gesichtspunkten dieser Kampfkunst wird einem sein Sinn viel klarer, sobald man seine Technik und Theorie verstanden hat. Das Verständnis für den Zusammenhang zwischen dem Boden (oder unseren Füßen) und unseren Händen ist von größter Bedeutung.

Boxer verstehen die mechanischen Abläufe, die vonstatten gehen, wenn man sich vom Boden abstößt, Kraft aus der Drehung des Rumpfes schöpft und durch ein beschleunigtes Nach-vorn-Bringen des Schultergelenks Schnelligkeit entwickelt. Karateka führen eine Hüftdrehung aus, um Kraft zu erzeugen. Wing Chun hingegen verwendet den Stand und die Fußarbeit, um eine enorme Schnelligkeit, Präzision und Kraft zu entwickeln, ohne übertriebenen Einsatz des Körpergewichts (und eine daraus entstehende Gefährdung des Gleichgewichts).

Der normale Wing Chun-Stand Yi Ji Kim Yeung Ma („Nummer Zwei" taubenfüßiger Pferdestand) ist ein Trainingsstand und bei Siu Nim Tau trainiert man eigentlich beide Beine als hintere Beine, in Bereitschaft für den Vorwärtsstand und die Ausführung eines Tritts.

Das Gewicht sollte ungefähr gleichmäßig auf beide Beine verteilt werden, damit man sich kraftvoll und leichtfüßig bewegen kann. Das hintere Bein stellt unsere Verbindung zum Boden her und ermöglicht uns, nach vorn oder nach oben abzustoßen, um zu beschleunigen oder gegen uns wirkende Kräfte oder Druck abzufangen. Mit unserem vorderen Bein verhindern wir, dass wir nach vorn oder unsere Arme nach unten gezogen werden. Jeder Stand ist nur in zwei Richtungen stark. Deshalb ist es wichtig, ihn richtig auszurichten und schnell und natürlich die Position wechseln zu können.

Die Hüfte muss nach vorn gedreht und auf gleicher Höhe gehalten werden. Das ermöglicht es dir, ohne übertriebenen Einsatz deines Körpergewichts Druck auszuüben. Das Gleichgewicht sollte ungefähr in der Mitte zwischen den Fersen liegen. Die Beine sollten federnd und elastisch und nicht steif und verkrampft sein.

Beim Wenden ist es wichtig, das Gewicht auf die Fersen zu verlagern (Abb. 8 b). Dies wird dadurch unterstützt, dass man den Kopf hinten und die Wirbelsäule gerade hält (sieh deinen Gegner an, indem du an deiner Nase entlang blickst). Die Knie müssen in einer Linie mit den Füßen ausgerichtet sein. Das vermeidet alle von der Seite her auf das Kniegelenk einwirkenden Belastungen, hilft dabei, sowohl die Leistengegend als auch das hintere Bein abzudecken und nimmt Fußfegern etwas von ihrer Gefährlichkeit.

Die Bewegung des Oberkörpers muss aus dem Stand und nicht aus dem Rücken oder den Schultern kommen (s. Abb. 11), was zu einem Sich-Vorbeugen und dadurch zu einem Verlust der Triangulation führen würde. Nach der Drehung befinden wir uns in einem Vorwärtsstand mit seitlich ausgerichteten Blick je nachdem wo sich die zentrale Linie befindet. Die Drehung sollte auch auf Kräfte reagieren, die gegen dich zum Einsatz kommen.

Verteil dein Gewicht mittig sowie über deinen Fersen. Lehn dich nicht zurück. Wenn du dich auf den Zehen drehst, beginnt dein Körper zu schwanken, was präzise Bewegungen unmöglich macht. Außerdem wirst du ohne die erforderliche Festigkeit keinen Druck gegen das Zentrum ausrichten können (Abb. 8).

Wenn wir nach vorn gehen, dient das vordere Bein auch als Bremse. Es verhindert einen übermäßigen Schwung beim Vorstoß und hilft auch dabei, uns abzustoßen, wenn wir zurückweichen oder die Richtung ändern müssen. Die Stärke eines Schlags oder auch die Verteidigungsaktion hängt in hohem Maße von der Stabilität des Standes ab. Ohne einen festen Stand fehlt uns eine solide Basis für den Schlag.

Die Kraft eines Schlags hängt von der Schnelligkeit, der Aktivierung des Körpergewichts, dem Körperbau und der Stärke ab. Das Körpergewicht kann nicht verändert werden. Schnelligkeit und Stärke können mit dem richtigen Muskeltraining aufgebaut werden. Die Technik

a   b   c

Abb. 8   d   e

aber kann auf rasante Weise verbessert werden, wenn man begriffen hat, woher die Kraft beim Stand kommt. Die Fähigkeit, unser Körpergewicht nutzbringend einzusetzen, kommt vom Boden her, da wir uns mit unseren Füßen und Beinen dagegen stemmen.

Standtest

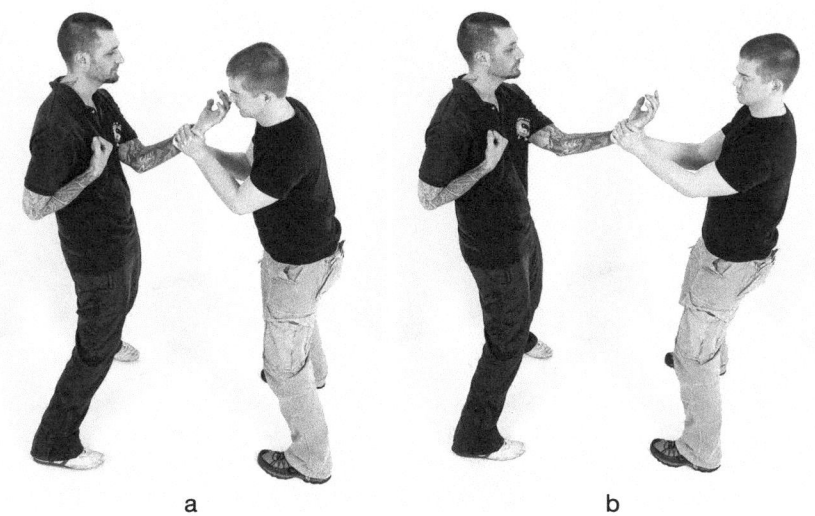

a   b

Abb. 9 a + b Standdynamik: Einem Schieben und Ziehen kann man entgegenwirken, wenn der Stand zur richtigen Richtung hin stark ist.

Nimm eine Grundstellung ein, lass einen Partner Druck gegen deinen Tan Sau ausüben, und spür die Kraft, die von deinem Stand abgefangen wird (Abb. 9 a + b). Beginnt dein Stand zusammenzubrechen, machst du einen kleinen Schritt zurück, um den Druck zu vermindern. Dann sicherst du deinen Stand wieder ab, wobei du mit dem vorderen Bein schräg zur Seite gleitest, um deine Leiste zu schützen. Auf ähnliche Weise kannst du versuchen, einen Schlag gegen den von deinem Partner ausgeübten Druck hoch und von dir weg zu schieben (Abb. 10). So testest du die Stabilität und Effektivität deiner Stellung. Wird dein Arm plötzlich losgelassen, sollte er - einen Schlag ausführend - nach vorn schnellen. Der vordere Fuß wirkt als Bremse, um eine Vorwärtsbewegung des Körpers zu verhindern.

Abb. 10 Drück gegen einen Schlag, um die Stabilität deiner Stellung zu testen.

Lass dich als nächstes von deinem Partner an deinem Tan Sau oder aber am Nacken nach vorn ziehen. Vermeide, dass sich dein Körper dreht oder vornüber kippt. Spür, wie der Druck auf dein vorderes Bein wirkt. Lehn dich zurück und stemm deine Füße dabei wie beim Tauziehen gegen den Boden. Beginnst du, aus dem Stand heraus nach vorn zu kippen, machst du einen kleinen Schritt nach vorn und sicherst wieder den festen Stand des vorderen Beins. Dabei ziehst du das hintere Bein nach, um die Stellung wieder auszurichten.

Abb. 11 Schwäche deinen Stand nicht dadurch, dass du in der Taille einknickst oder dich nach vorn beugst.

Wendung zur Nutzung der Kraft

Beim Wenden ist es wichtig, dass sich der Körper wie eine sich dre-
hende Walze verhält. Übt man auf irgendeinen Punkt ihrer Oberfläche
Kraft aus, dreht sie sich in die gleiche Richtung, in der die Kraft wirkt.
Bedenke dabei aber, dass sich eine Seite der Walze rückwärts dreht,
wenn die andere Seite nach vorn bewegt wird.

Wenn Kräfte auf Körper oder Arme eines Wing Chun-Kämpfers einwir-
ken, sollten diese gedreht werden, um den Angriff oder den Angreifer
abzuwehren (Abb. 12 a + b). Der Gegenangriff erfolgt unter Ausnut-
zung des in Bewegung gebrachten Körpergewichts, um selbst Kraft
zu erzeugen und um die gegen sich gerichtete Kraft von der eigenen
zentralen Achse abzulenken. Die Drehbewegung kann auch dazu dienen, die eigene Mitte aus dem Weg des Angriffs zu bringen.

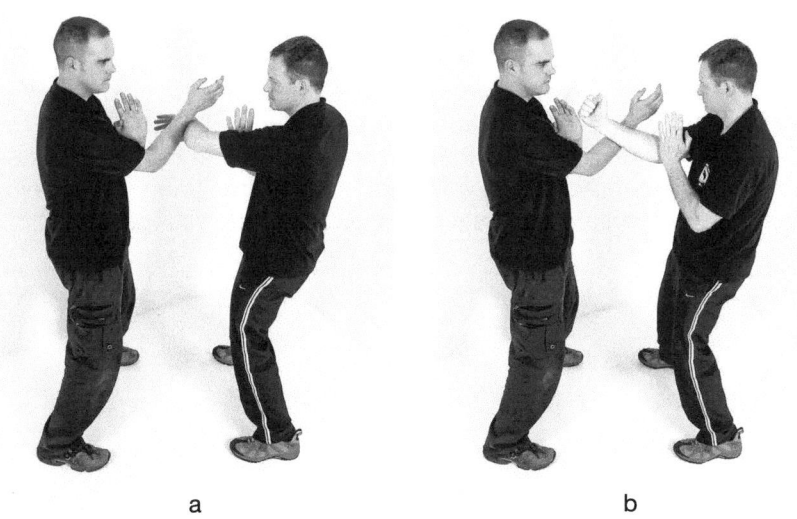

a   b

**Abb. 12 a + b Wendung zur Ablenkung der Kraft von der Linie der zentralen Achse
mit Ausführung eines Schlags.**

Einfachheit

Einfachheit ist ein weiterer Aspekt, der zum Erfolg des Wing Chun beiträgt: Anstatt viele verschiedene Techniken anzuwenden, versuchen Wing Chun-Kämpfer, die vielen Möglichkeiten zu erfassen, mit denen wenige, einfache Techniken auf viele verschiedene Situationen angewandt werden können.

Die Grundstellungen werden in der ersten Form Siu Nim Tau (Die Junge Idee) vorgestellt, bei der die Aktionen an einem sich nicht bewegenden Partner ausprobiert werden, der direkt vor uns steht. Diese Techniken werden dann in die zweite Form Cham Kiu (Die Brücke suchen / Die Brücke überqueren) mitgenommen und ausgebaut. Hier werden dann auch wenden, folgen, schreiten und treten zusammen mit dem gleichzeitigen Gebrauch beider Hände vorgestellt, was dem Schüler nahe bringt, wie man einen sich bewegenden Gegner stellt und gegen ihn kämpft.

Drills wie Dan Chi Sau („Einfache Klebende Hände"-Übung), Lap Sau und Chi Sau helfen uns dann dabei, nach und nach alle nur möglichen Kombinationen und Spielarten der Technik in voller Bewegung zu erforschen. Dieser systematische Lernprozess bietet dem Lernenden einfach zu begreifende Ziele, auf die er hin arbeiten kann. Wurde eine Lernstufe verinnerlicht, wird sie integriert und darauf aufgebaut.

DIE GRUNDFORMEN
SOWIE DIE VERSCHIEDENEN ARTEN DER
BEINARBEIT DES WING CHUN

Die bei Wing Chun am häufigsten vorkommenden Formen sind: Bong Sau, Tan Sau und Fook Sau.

a   b   c

Abb. 13 a, b und c

Diese drei Aktionen in Kombination mit Stand, Schlag und Tritt sind die wichtigsten Bestandteile des Wing Chun-Systems. Darum ist es absolut wichtig, genau diese Bereiche besonders gründlich zu verstehen. Das bedeutet, dass man nicht nur wissen muss, wann und wie man sie anwendet, sondern auch auf welche Weise das Eine in das Andere übergeleitet werden kann und wie Schritte und Drehungen ihre jeweilige Wirkung verändern können. Ein gutes Verständnis der vielen verschiedenen Anwendungsmöglichkeiten dieser Formen ist der Schlüssel zu einem gekonnten und effektiven Wing Chun. Dies mag vielleicht allzu einfach klingen, aber es kann durchaus ein Leben lang dauern, bis man die Feinheiten dieser Bewegungen wirklich beherrscht.

Tan Sau

Tan Sau kommt von einem Wort mit der Bedeutung „ausbreiten" oder „verteilen". Dies bringt zum Ausdruck, worauf es bei der Ausführung der Aktion ankommt. Probiert man sie aus, zeigt sich bei richtiger Ausführung in Verbindung mit einer guten Körperhaltung die für Tan Sau typische, potentiell nach vorn gerichtete Kraft. Wenn Fook Sau nach vorn drückt, drückst du Tan Sau in Richtung der Schulter deines Trainingspartners zurück. Dabei nutzt du deinen Stand und bringst deinen Ellenbogen nah an des Gegners Handgelenk, um dessen Stand zu stören. Dein Partner kann von oben herab großen Druck auf Tan Sau ausüben, und er wird trotzdem stabil bleiben.

Abb. 14 a + b

Fook Sau

Fook Sau kommt von dem chinesischen Wort für „sich herabbeugen" oder „sich zu Boden werfen". Genau darum geht es uns, wenn wir diese Aktion ausführen. Beginn mit einem gerade ausgerichteten Stand in der Dan Chi Sau-Stellung. Einer der Übenden wendet Tan Sau an und drückt gegen den Brustkorb seines Partners. Tan Sau sollte im 90° Winkel zum Körper ausgerichtet sein und sich zwischen der zentralen Linie und der Außenseite der Hüfte befinden. Der Andere führt Fook Sau aus, um den nach vorn wirkenden Druck des Tan Sau aufzulösen. Dazu lenkt man den Druck nach innen sowie nach vorn und setzt dabei den gesamten Unterarm ein, um Tan Sau auf diese Weise (nach unten und zur Seite gedrückt) unter Kontrolle zu bringen. Du solltest versuchen, deinen Ellenbogen am Tan Sau-Handgelenk des Partners anzulegen, wobei du besonderen Wert darauf legst, dass der Fook Sau-Ellenbogen nicht nur zum Boden hin, sondern auch nach innen gerichtet ist, um die zentrale Achse abzudecken und zu schützen.

Fook Sau spielt bei Wing Chun eine zentrale Rolle und beinhaltet viele seiner grundlegenden Ideen, einschließlich des Schlags. Seine Wichtigkeit wird durch das häufige Vorführen und Anwenden (sowohl in der Praxis als auch in der Theorie) im Rahmen der Siu Nim Tau-Form

hervorgehoben.

Abb. 15 a + b

Bong Sau

Bong Sau stammt von einem Wort, das mit „Oberarmknochen" (oder dem entsprechenden Knochen im Flügelskelett eines Vogels – was zu einer weit verbreiteten Fehlübersetzung führt) übersetzt wird. Das Ende dieses Knochens (den Ellenbogen) benutzen wir, um die gegen uns gerichtete Kraft unter Kontrolle zu bringen. Wird dein Tan Sau oder eine andere Aktion daran gehindert, nach vorn in das vorgesehene Ziel zu gelangen, entspannt sich der Unterarm und rotiert. Das ermöglicht es dem Ellenbogen, hochzuschnellen und dabei das Hindernis zu umkreisen.

Nun kann Bong Sau in Aktion treten und entlang der ursprünglichen Linie weiter zur zentralen Achse des Gegners hinabgeführt werden. Wird der Ellenbogen gestoppt, kann die Schulter (rempelnd) die Aufgabe übernehmen. Alternativ kann man mit Hilfe einer Standveränderung (mit einem Schritt, so wie bei den einfachen klebenden Händen)

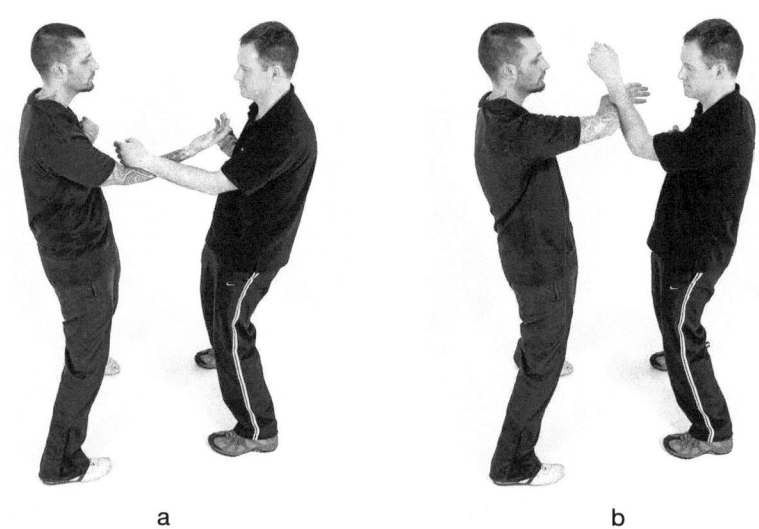

a   b

zu Tan Sau zurückkehren. Anders als die meisten anderen Aktionen funktioniert Bong Sau nicht beim Rückwärtsgehen.

Abb. 16 a + b

Bong Sau wird von vielen Wing Chun-Anhängern überstrapaziert. Im Rahmen von Siu Nim Tau wird er auf jeder Seite nur einmal gezeigt, wohingegen Fook Sau besonders im ersten Teil dreimal und konzeptionell noch wesentlich öfter herangezogen wird. Es gibt überhaupt nur drei Gründe, um Bong Sau anzuwenden:

1. Deine Schlaghand wurde durch eine zielgerichtete Abwehr von der geplanten Verlaufslinie zur zentralen Achse abgebracht – nun übernimmt der Ellenbogen diese Linie, folgt dem ursprünglichen Weg und leitet Bong Sau ein. Wird der Ellenbogen festgehalten, kann die Schulter in diesem Fall die Aufgabe übernehmen.

2. Deine Arme befinden sich an deiner Seite unten (die Hände sind unterhalb des Ellenbogens) und du wirst angegriffen. Du hebst den

Ellenbogen, um den Angriff abzufangen, da er diesem näher ist als die Hand. Mit deinem Unterarm, den du quer zu der Linie stellst, bildest du einen Schutzschild.

3. Jemand zieht an deiner Hand oder deinem Handgelenk oder versucht, dich am Arm nach vorn zu zerren, um dir möglicherweise gleichzeitig einen Schlag zu versetzen. In diesem Fall dient Bong Sau dazu, die gegen dich gerichtete Kraft aufzulösen und deine hierzu verwendete Energie gegen den Gegner einzusetzen. Außerdem wird es dadurch schwieriger, dich am Arm festzuhalten. Bong Sau sollte jede Angriffsart abdecken können (handelt es sich um einen tiefen Schlag, kann Lan Sau als Alternative eingesetzt werden).

Bei der Ausführung dieser drei Aktionen, kommt es dem Wing Chun-Kämpfer in erster Linie darauf an, sich mit jeder einzelnen Bewegung eine (auf Stärke und Winkel bezogen) überlegene Position zu sichern. Bei jeder Veränderung von Verteidigung, Abwehr, Beinarbeit oder Stellung muss man die Linie der zentralen Achse kontrollieren, den Gegner auf diese Weise stets in einer ungünstigen Lage halten und ihn zwingen, sich aus einem schlechten Winkel heraus zu verteidigen und über einen weiteren Weg anzugreifen.

Im Training kann man jede Bewegung als einzelnen Schritt behandeln und die gewählten Möglichkeiten in einfachen Etappen analysieren. Hat man die beste Option gewählt, können die geeigneten Maßnahmen in Form von Drills eingeübt werden. Die einzelnen Techniken, die fließend in einander übergehen, werden dann zu einer Handlungskette aneinandergereiht. Es kann durchaus schwierig sein, Anderen die richtige Stellung und den richtigen Abstand beizubringen. Zunächst muss der Schüler Haltung, Handformen und die Linie der zentralen Achse verstehen. Dann erst kann er die Stellung durch schrittweises Experimentieren im Rahmen der Drills wie z.B. Chi Sau, und schließlich durch Übung im Kampf richtig begreifen.

Die fünf grundlegenden Arten der Wing Chun-Beinarbeit

Die Wing Chun-Beinarbeit ist weniger verwirrend, falls wir uns an einige Grundregeln halten. Wenn wir uns auf das Wesentliche beschränken, ist es leicht, alle möglichen Variationen und Auslegungen in Kategorien einzuteilen und zu üben. Das soll nicht heißen, dass dies die einzigen Möglichkeiten sind, unsere Schritte zu machen, doch sollten wir in der Lage sein, mit den meisten Situationen zurecht zu kommen, wenn wir uns an diesen Techniken orientieren.

1. Vorwärtsschritt zum Angriff: Dies wird uns zu Beginn als ein in gerader Linie in die zentrale Achse des Gegners Hineingehen beigebracht. Stell dir dabei vor, du würdest einen Schritt zur Spitze eines gleichschenkligen Dreiecks machen und den hinteren Fuß nachsetzen, um den Stand abzuschließen. Lass die hintere Ferse so fest wie möglich am Boden, um eine starke Verbindung mit der Erde beizubehalten (siehe den folgenden Standtest). Zieh die Hüften an und gelang so in eine Position, in der du deinem Gegner direkt gegenüber stehst. Schultern und Hüften sind zu 100% auf das Ziel ausgerichtet. Später kannst du Cham Kiu-Techniken anwenden, um zu lernen, wie man einem Angriff des Gegners vorhersehend und präventiv begegnet und auf diese Weise seine Bewegung unterbricht.

2. Gerader Schritt zurück: Wird selten gebraucht, da er den Kämpfer in der direkten Angriffslinie zurücklässt, muss jedoch besonders dann als Option in Erwägung gezogen werden, wenn der erste Angriff äußerst heftig oder völlig überraschend kommt und es erforderlich macht, dass man sich zunächst einmal zurückzieht, bis sich bessere Möglichkeiten ergeben.

3. Wenden (Juen Ma): Halte die Hüften hoch, verlagere das Gewicht auf die Fersen und wackele nicht herum. Dies ist normalerweise die Reaktion auf Druck oder der Versuch, einer gegen dich gerichteten Kraft zu entgehen. Eine Drehung ist besonders dann effektiv, wenn der Angriff nur von einer geringfügigen Vorwärtsbewegung begleitet wird (d.h. in erster Linie aus den Armen und dem Oberkörper heraus kommt) oder wenn nur wenig oder überhaupt kein Raum für die Anwendung von Tui Ma vorhanden ist (z.B. wenn man mit dem Rücken zur Wand steht). Dreh dich über die zentrale Achse des Körpers.

4. Tui Ma oder gedrückter Schritt: Dient dem Rückzug oder um sich (unter Druck geraten) wieder neu auszurichten. Der normale Stand kippt nach hinten sowie leicht zur Seite. Lass deinen Gegner gegen

deinen Stand drücken und ihn die Arbeit für dich tun. Das vordere Bein muss zurückgleiten, um die neue Linie der zentralen Achse zu decken. Dreh den vorderen Fuß nach innen, um die Leiste und das hintere Bein zu schützen und um Fußfeger zu vermeiden. Nun sind zwei weitere Varianten möglich:

a) Schlurfschritt: Erneuter Schritt und zur selben Seite.

b) Langer Schritt: Schritt zur anderen Seite mit entsprechendem Beinwechsel.

Du musst beide Versionen üben, um festzustellen, wann sie sich eignen; dies sollte dir schnell klar sein und wird sowohl von der Richtung abhängen, aus der die Kräfte kommen, als auch von den jeweiligen Stellungen der Arme.

5. Wenden und anschließendes Einknicken (Juen Ma / Tui Ma) Die Drehung hat bereits stattgefunden, doch knickt die aus der Wendung entstandene Stellung unter zusätzlichem Druck wie bei Tui Ma zu beiden Seiten hin weg. Geh mit dem rechten Bein einen Schritt nach rechts oder mit dem linken einen Schritt nach links.

Wie unter Punkt 1 erwähnt, solltest du versuchen, bei der Ausführung der Schritte einen möglichst festen Kontakt zwischen Fersen und Boden während des Bewegungsablaufs aufrechtzuerhalten. Dies wird in der zweiten und dritten Sektion der Cham Kiu-Form gezeigt. Um zu verdeutlichen, warum dies so sein sollte, begibst du dich in den Vorwärtsstand und versuchst, gegen den Widerstand deines Partners einen Fa6uststoß auszuführen. Bleib dabei mit der hinteren Ferse am Boden. Versuch das Gleiche nun noch einmal, wobei du die Ferse vom Boden abhebst und den Druck dabei mit den Zehen oder dem Fußballen ausübst.

Abb. 17 a + b

a

b

Dabei wirst du feststellen, dass die erste Methode aufgrund der festeren Bodenhaftung wesentlich stabiler ist. Ein weiterer Grund für den Unterschied liegt darin, dass du bei der zweiten Übung den Wadenmuskel beanspruchst, während du im ersten Beispiel den Gluteus maximus (Gesäßmuskel) aktivierst, der der größte und deshalb stärkste Muskel des Körpers ist. Hast du keinen Kontakt, magst du dich vielleicht auf den Zehen beweglicher fühlen. Grundsätzlich jedoch und auf jeden Fall, wenn Kontakt vorhanden ist, solltest du versuchen, die Fersen so dicht wie möglich am Boden zu halten.

Für Wing Chun-Kämpfer sollten Schritte und Drehungen so natürlich sein wie das normale Gehen. Du musst in der Lage sein, abwechselnd Standformen, Schritte und Tritte auszuführen und dabei gleichzeitig einen perfekten Abstand einzuhalten. Wong Shun Leung und Bruce Lee waren beide Turniertänzer in Hong Kong!

Tui Ma verstehen

Es ist wichtig, den Tui Ma richtig zu verstehen, da du obwohl du dich rückwärts bewegst, immer noch bestrebt bist, dich deinem Gegner zu nähern und in eine Position zu gelangen, aus der heraus du ihm gegenüber im Vorteil bist. Du ziehst dich nicht einfach zurück, sondern wirst von einer größeren oder stärkeren Person aktiv zurückgedrängt. Auch in dieser Situation musst du deine Haltung sowie den richtigen Winkel beibehalten.

Um den Tui Ma besser zu verstehen, begibst du dich in den Yi Ji Kim Yeung Ma-Stand und streckst eine Faust vor deinem Körper aus. Umschließ die Faust mit der anderen Hand (drück die Unterarme dabei aneinander) und bilde auf diese Weise – ähnlich wie ein Schiffsbug - einen Keil vor deinem Körper. Lass deinen Partner diese Keilform kräftig in Richtung deiner zentralen Achse schieben, wobei er mit beiden Händen gegen deine geballten Fäuste drückt.

Abb. 18

Wenn du den Druck in deinen Hüften spürst, gibst du mit deinem Stand nach und lässt dich auf einer dir angenehmen Seite zurückschieben. Dabei sollte dein Stand in eine andere Position zurück gedrängt werden, die ein wenig von der Ausgangslinie abweicht und hinter der Linie der zentralen Achse liegt. Schultern und Hüften sind dem Gegner immer noch direkt zugewandt. Wenn dir das schwer fällt, kannst du dir damit helfen, dass du gegen den Unterarm der einen Seite drückst (z.B. gegen den rechten Unterarm), und dadurch die Druckreaktion und den Schritt (linkes Bein) auf der gegenüberliegenden Seite auslöst.

Abb. 19

Um die hierbei vorkommenden Positionen zu begreifen, stellst du dir vor, in der Mitte des Zifferblatts einer Uhr zu stehen. Die „12" befindet sich vor dir (von da kommt der Druck), die „6" ist hinter dir. Wenn du den Druck spürst, der dich zurück schiebt, verlagerst du je nach Richtung der Krafteinwirkung entweder den rechten Fuß dorthin, wo die „7" ist oder den linken an die Stelle der „5". Nachdem du den Schritt zurück gemacht hast, richtest du das vordere Bein so aus, dass es (wie bei Cham Kiu) die Leiste und das hintere Bein deckt. Bleib deinem Gegner die ganze Zeit über zugewandt und behalt deinen festen Stand bei. Lass deinen Gegner die Arbeit für dich machen.

Hast du die Tui Ma-Stellung erst eingenommen, bleibst du stehen und lässt deinen Gegner wieder vor dich kommen, um dich erneut zurückzuschieben. Wird dein neuer Stand nun wieder zurückgedrängt (denk daran, dass das Zifferblatt mit dir gegangen ist und dir die „12" nun wieder gegenüber liegt) kannst du dich entscheiden, ob du dich mit einem Schlurfschritt in derselben Richtung wie zuvor drehst, oder ob du einen weit ausholenden Schritt machst und mit einem Fußwechsel (Abb. 20 a + b) je nachdem was für ein Druck auf dich ausgeübt wird, die Richtung deiner bisherigen Beinarbeit änderst. Danach kann man dieselben Schritte mit vielen der Handdrills verbinden und sie so lange trainieren, bis sie auf ganz natürliche Art und Weise ablaufen. Die Grundregel der Schritttechniken lautet: „Bewegst du dich nach links, führ den Schritt mit dem linken Bein aus – bewegst du dich nach rechts, mach den Schritt mit dem rechten Bein."

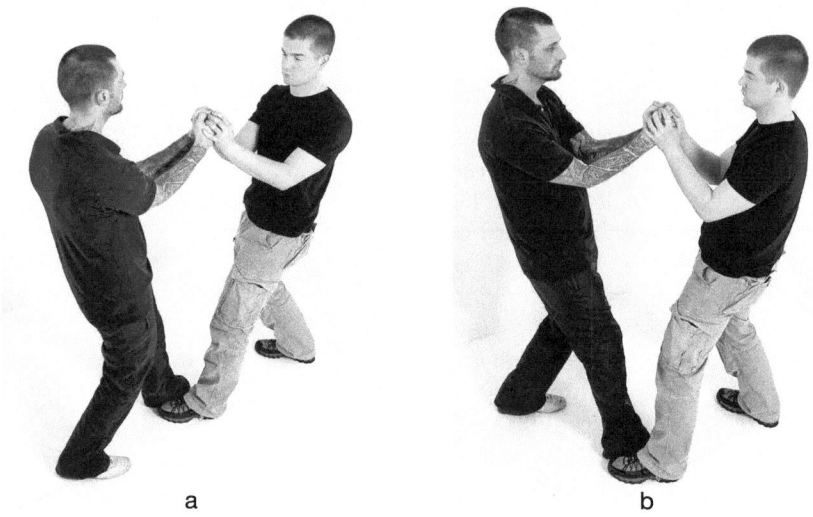

a   b

Abb. 20a + b

Tritte und Feger

Wenngleich der Wing Chun-Kämpfer einen großen Teil der Zeit mit beiden Füßen fest auf dem oder nahe am Boden verbringt, muss er auch wissen, wie und wann man effektive Tritte ausführt. Vorher muss er jedoch die grundlegenden Standtechniken, Schritte und Drehungen erlernen, um Gleichgewicht und die Dynamik von Beinen und Hüften richtig zu verstehen.

Man findet alle Wing Chun-Kicks in Chum Kiu und der Holzpuppenform. Manchmal werden sie als „unsichtbare" oder „schattenlose" Tritte bezeichnet. Sie sind schnell, direkt und niedrig. Ihre Ziele sind Füße, Schienbein, Knie (vorn, hinten und seitlich), Waden, Leiste und Hüfte.

Wing Chun-Tritte reichen selten höher als bis zur Taille. Der Grund für ihre Schnelligkeit und Raffinesse liegt darin, dass sie nach dem selben Prinzip funktionieren wie die Handtechniken. Das heißt, dass sie auf direktem Weg zum Ziel gehen, ohne dass man zuerst ausholen müßte.

Treten wir, so sollten wir auch wissen, wonach wir treten: die einfache Antwort hierauf lautet, den Tritt gegen das nächstgelegene Ziel auszuführen und dies wiederum mit dem Fuß, der diesem Ziel am nächsten ist. Die Kraft des Tritts entsteht aus der Beschleunigung der Beinbewegung und dem nach oben hin verlaufenden Abstoßen vom Boden. Auf diese Weise wird jeder Rückstoß durch den Stand wieder aufgefangen. Trittst du stattdessen nach unten, kann jeder heftige Zusammenprall deine Stellung zunichte machen und dich aus dem Gleichgewicht bringen.

Abb. 21 Tritt aus der Wendung oder von Lap Sau ausgehend

Befindet sich dein Gegner nicht in Reichweite für einen Schlag, kann ihn (oder dich) ein kräftiger Ruck in die für einen Tritt erforderliche Distanz bringen. Dadurch verlagert sich auch das Gewicht des Gegners auf das dir nächst gelegene Körperteil, was es aufgrund seiner starken Belastung nun zu einem noch besseren Ziel macht. Bestehen in dieser Situation irgendwelche Zweifel oder ist die gesamte Lage instabil, musst du mit beiden Füßen fest am Boden bleiben und die Kontrolle weiterhin mit den Händen ausüben. Manchmal sind Tritte das Resultat übertriebener Beinarbeit oder überzogener Handtechniken wie z.B. Lap Sau; dies macht es wieder schwierig, sie rechtzeitig zu erkennen (Abb. 21).

Abb. 22 Einsatz eines Stampfschritts, wenn man gezogen wird

Wird die eingenommene Stellung zunichte gemacht, kann dir ein Tritt helfen, die Situation wieder zu richten. Wird deine Stellung nach hinten zurückgedrängt, kann ein nach oben gerichteter Kick angewandt werden, während ein Seitkick das richtige Mittel ist, wenn du zur Seite gedreht wirst. Ein Seitkick ist auch eine nützliche Methode, um sich aus einigen Armumklammerungen zu befreien (Abb. 22).

Verteidigung gegen Tritte

Die Vermeidung von und die Verteidigung gegen Tritte kann auf unterschiedliche Weise erfolgen. An erster Stelle stehen Nähe und Druck. Viele Kampfsportler kommen mit dem üblichen Abstand eines Wing Chun-Kämpfers nicht zurecht und können keine effektiven Tritte ausführen, während ihnen ihr Gegner pausenlos mit Kopftreffern zusetzt. Versucht der Gegner auf größere Distanz zu gehen, folgst du ihm einfach und setzt dabei den Grundgedanken des Hoi Sung in die Tat um.

Eine andere Devise, die einem an dieser Stelle einfällt, lautet „Kick a kicker". Mit anderen Worten also: Wenn ein Gegner versucht, aus naher Distanz einen Tritt gegen dich auszuführen, hebst du dein eigenes, vorderes Bein, womit du verhinderst, dass es von deinem Gegenüber am Boden festgesetzt wird und kickst dann das Standbein (oder das den Tritt ausführende Bein) deines Gegners weg.

Abb. 23 a + b Tritt gegen das Standbein als Reaktion auf einen Roundhousekick

a   b

des Gegners

Weitere ebenso effektive Abwehrstrategien zur Deckung der unteren

Bereiche bietet die Anwendung von Soh Sau oder Gaun Sau. In dem Moment, in dem der Fuß den Boden verlässt, kann du aber auch ganz einfach nur den Arm des Gegners nach unten drücken. Das bringt ihn aus dem Gleichgewicht und sorgt dafür, dass er den Fuß schnell wieder auf den Boden zurücksetzt.

Versucht ein Gegner, dein vorderes Bein mit einen Fußfeger anzugreifen, muss dieses wieder – genauso wie eine Hand - zur Mitte zurückgelangen und sofort einen Gegenangriff ausführen können. Oft kann ein Tritt in Verbindung mit den Händen entweder als Beinstellen, Ablenkungsmanöver oder als Methode dienen, um die Kraft in den zupackenden Händen zu lösen.

Die meisten dieser Techniken können im Rahmen von Chi Geuk (Klebende-Beine-Übung) oder sogar in Kombination mit Chi Sau geübt werden. Dabei muss jedoch darauf geachtet werden, dass diese Techniken unter kontrollierten Bedingungen trainiert werden, da kräftige Tritte gegen verletzungsanfällige Körperteile wie z.B. die Knie, gefährlich sind (was ja auch der Sinn der Sache ist). Außerdem besteht die Gefahr, dass man das Training der Handtechniken vernachlässigt, wenn Tritte immer nur im Rahmen von Chi Sau ausgeführt werden.

SOLOFORMEN

Eine Form ist eine festgelegte Bewegungsabfolge, die dazu dient, die richtige Weitervermittlung der Kung Fu-Lehre zu unterstützen. Eine Form beinhaltet eine Vielzahl von Bewegungen, Theorien, Strukturen und Konzepten. Das richtige Training der Formen trägt dazu bei, die Nervenbahnen entsprechend zu programmieren und den Übenden sich ausschließlich auf die wirklich entscheidenden Dinge konzentrieren zu lassen. Es ist wichtig, die Formen mit den dazugehörenden Drills und Theorien hintereinander zu erlernen, da die Bewegungsabläufe und Konzepte des Siu Nim Tau (erste Form) später im Rahmen von Cham Kiu (zweite Form) und den weiteren Formen ausgebaut werden.

Die sechs Wing Chun-Formen beinhalten sämtliche im Mittelpunkt des Systems stehende Aktionen und Grundkonzepte. Dem Uneingeweihten mag es nicht völlig klar sein, was sich da abspielt und was für ein Informationsfluss über die Formen weitergegeben wird. Es gibt vier Offene-Hand-Formen, von denen eine gegen eine besonders konzipierte Holzpuppe (Muk Yan Jong) eingesetzt wird, sowie zwei Waffenformen, nämlich der Sechseinhalbpunkt-Langstock-Form (Luk Dim Boon Gwan) und die Acht-Wege-der-Messer-Form (Baat Jam Do), besser als „Butterfly-Messer" bekannt.

Für Viele bedeuten Formen, so zu tun, als kämpfe man gegen einen oder mehrere imaginäre Gegner. Dies gilt nicht für Wing Chun. Man kann keinen Kampf mit sich selbst führen, und da sich bei Wing Chun alles um Konzepte und nicht etwa um spezielle Einzeltechniken dreht, behindert einen ein solches Denken dabei, das System an sich zu verstehen. Es bringt mehr, die Interpretation der Formen auf einer konzeptuellen und breiten Ebene zu halten, anstatt jede einzelne Bewegung einer besonderen, unveränderlichen zuzuordnen. Aus einem einzelnen Konzept entsteht eine Vielfalt an Ideen und Techniken. Diese Aussage gilt aber nicht in umgekehrter Form.

Die Formen wurden auf abstrakte Art konzipiert, um zu verhindern, dass sich die Schüler darin verfangen. Unter der Voraussetzung, dass du dich an die wichtigsten Regeln hältst, kannst du deine Fähigkeiten auf beliebige Weise zum Ausdruck bringen. Die Formen schränken dich nicht ein, sondern sind vielmehr ein Weg in Freiheit und individueller Ausdrucksmöglichkeit.

Siu Nim Tau

Die erste Form heißt Siu Nim Tau, was so viel wie „junge Idee" bedeutet (mich persönlich erinnert dies daran, dass der Teufel im Detail steckt). Diese Form ist das Samenkorn, aus dem heraus das gesamte System erwächst. So wie ein Baum starke Wurzeln braucht, die ihn halten, so muss ein Lernender die erste Form und alle in ihr enthaltenen Konzepte voll und ganz verstehen, um erfolgreich voranzukommen. Wong Shun Leung beschrieb Siu Nim Tau einst als das Lernen des Wing Chun-ABC. Du musst es gründlich lernen, bevor du zu Cham Kiu übergehst, wo du damit beginnst, Konzepte miteinander zu verschmelzen, um die „Wörter und Sätze" des Wing Chun zu bilden.

Die Form ist in drei Sektionen mit jeweils unterschiedlichem Schwerpunkt gegliedert. Das über allem stehende Ziel besteht jedoch darin, sich einen guten Stand, eine gute Haltung und das Lat Sau Jik Chung-Prinzip zu eigen zu machen, bei dem entspannte Arme unabhängig von einander vom Rumpf des Körpers aus agieren können. Viele der Bewegungen werden von einem Arm ausgeführt, während der andere zur selben Zeit - von diesen Aktionen isoliert - in einer Bereitschaftsposition gehalten wird. Siu Nim Tau enthält Bezugspunkte für alle Grundtechniken. Stell also sicher, dass du es von Anfang an richtig machst.

Die Eröffnung zeigt uns, wie wir den richtigen Stand finden, legt die zentrale Linie fest und demonstriert den Schlag zum Zentrum. Dies spiegelt auch die richtige Reihenfolge nach dem Gesichtspunkt der Wichtigkeit wieder: Stand, Zentrum und Angriff.

Die erste Sektion bietet eine Einführung in die Grundlagen des Körperbaus sowie eine Anleitung, Muskeln und Gelenke der Schulter, des Arms und des Handgelenks auf die richtige Weise, ohne übermäßigen Bewegungsaufwand oder Anspannung zu trainieren.

Ebenso wird die federnde Kraft des Tan Sau, Fook Sau und Wu Sau vorgestellt. Diese Sektion sollte sehr langsam und ganz bewusst ausgeführt werden, wobei die gesamte Bewegung aus dem Ellenbogen kommt. Die Sektion endet mit Pak Sau (schlagende Hand, Abwehr), Jing Jeung (senkrechte Handfläche, Schlag) und Huen Sau (rollendes Handgelenk, Abwehr), was die Entwicklung und Dehnung der Unterarmmuskulatur fördert.

Die zweite Sektion bringt uns das Konzept der Befreiungstechniken näher. Es werden Varianten von Soh (Gum) Sau (pressende Handflächenabwehr) vorgestellt, um Möglichkeiten zu zeigen, mit Griffen und Armfesseln fertig zu werden sowie eine Methode, um sich aus einer von hinten erfolgenden Umklammerung zu befreien. Lan Sau, Fak Sau (peitschende Hand, Angriff), Jam Sau (sinkender Arm, Abwehr), Jat Sau (Schockhand, Abwehr) und Biu Sau (stechende Hand, Angriff) werden ebenfalls vorgestellt. Meist führen beide Arme die gleiche Bewegung auf gegenüber liegenden Seiten des Körpers aus. Dies hat einen das Gleichgewicht unterstützenden Effekt und verringert bei Anfängern die Wahrscheinlichkeit allzu heftiger Bewegungen des Körpers. Die Sektion endet mit einer von den Schultern ausgehenden, nach unten und oben verlaufenden, sinkenden und steigenden Aktion. Das soll uns daran erinnern, dass die Hand das Ziel selbst dann noch direkt erreichen kann, wenn die Arme ausgestreckt sind, ohne dass man sie vorher zum Körper zurückziehen müsste. Diese Sektion der Form sollte mit schnellen Bewegungen ausgeführt werden.

Die dritte Sektion, die die Grundtechniken beschreibt, lehrt uns, fließend von einer Position zur nächsten überzugehen. Sie beginnt mit Pak Sau, Waang Jeung (waagerechter Handflächenstoß) und Huen Sau und demonstriert danach Tan Sau-Anwendungen mit Jam Sau, Gaan Sau, Huen Sau und Che Jeung (absteigender Handflächenstoß), Bong Sau mit Tan Sau und Dai Jeung (aufsteigender Handflächenstoß, Abwehr) und schließlich zwei mit einander kooperierende Arme, um sich aus einer schwierigen Situation zu befreien. Beim Üben dieser Sektion sollte besonderer Wert auf richtige Positionen und den Einsatz der Kraft des Ellenbogens gelegt werden. Die Form endet mit verschiedenen Schlägen und Huen Sau.

Abb. 24

Cham Kiu

Nachdem uns beigebracht wurde, die verschiedenen Konzepte, Angriffe und Konter gegen ein festes Ziel zu verstehen, zeigt uns die zweite Form, Cham Kiu („Die Brücke suchen" oder „Die Brücke überqueren"), wie man seinen Körper beim Verfolgen und Bekämpfen eines sich bewegenden Gegners unter Berücksichtigung des in Siu Nim Tau Gelernten einsetzt. Auch diesmal kann man die Form wieder in drei unterschiedliche Sektionen einteilen, doch ist die Zweckbestimmung jeder einzelnen Sektion hier nicht ganz so speziell wie bei Siu Nim Tau.

Hauptsächlich werden in der ersten Sektion Pei Jaang (hackender Ellenbogen), die Drehung auf der Stelle sowie Cham Kiu Fook Sau durchgenommen. Nach Jeet Sau (verdrehender Arm) folgt eine Anleitung, wie man am besten ein sich bewegendes Ziel trifft. Danach wird der hebende Bong Sau mit Kontakt (Yi Bong Sau) gezeigt. Ebenso wird der Wechsel von Bong zu Lan Sau mit richtiger Ellenbogenhaltung vorgestellt.

Darauf folgt Fak Sau mit Jat Sau-Ellenbogen, der eingesetzt wird, um eine offene Linie zu schaffen.

Abb. 25

Die zweite Sektion beginnt bei einer 90°-Drehung mit Lan Sau und führt Dang Geuk (aufsteigender Fersenkick) ein. Lan Sau bleibt tief, um zu verhindern, dass der Gegner ihn dazu nutzt, Druck gegen dich auszuüben oder dich aus deiner Stellung zu ziehen. Es werden nach vorn ausgeführte Schritte gezeigt, wobei die zentrale Linie in einem 90°-Winkel zu der Richtung verläuft, in die du dich dabei bewegst. Bong Sau wird ohne Kontakt sowie mit dem Versuch der Kontaktaufnahme (Pau Bong Sau) vorgestellt. Chau Kuen (peitschender / drehender Schlag) bewegt sich ungefähr in Brusthöhe auf geradem Weg zu seinem Ziel und nicht etwa wie ein Aufwärtshaken beim klassischen westlichen Boxsport, doch kann der Ellenbogen gleichzeitig zur Deckung gegen einen Angriff eingesetzt werden. Zum Schluss zeigt uns Yi Ying Sau, wie man aus einer schlechten Position das Beste macht, ohne getroffen zu werden.

Die dritte Sektion bringt uns den Vorwärtstritt, nach vorn orientierte Beinarbeit, den Schritt zurück sowie den nach hinten und den seitlich verlaufenden Tritt (Waang Geuk) näher. Demonstriert werden zwei verschiedene Methoden der Nahkampfkontrolle unter Verwendung des Dai Bong (tiefer Bong Sau), das Abstoßen aus dem Stand und Soh Sau zwecks Deckung der unteren Tore bei gegen die Arme gerichteten Tritten. Am Schluss wird die Schlagtechnik zum Schutz einer ungedeckten Flanke erläutert. Hauptthemen des Cham Kiu sind das Folgen sowie die Kontaktherstellung bei einem sich bewegenden Gegner, und das anschließende Kreuzen der Brücke hin zu seinem Zentrum mit Hilfe der richtigen Positionierung und dem richtigen Winkel.

Muk Yan Jong

Das Training an der Holzpuppe macht einen wesentlichen Teil des Wing Chun-Systems aus. Wörtlich übersetzt bedeutet Muk Yan Jong „als Übungsattrappe verwendeter hölzerner Pfahl". Andere Kung Fu-Kampfstile verwenden Dummies, um an ihnen den Kampf zu trainieren, während die Wing Chun-Holzpuppe und die auf sie abgestimmte Form speziell konzipiert wurden, um Wing Chun-Techniken zu üben und zu verbessern. Im Verlauf ihrer Geschichte erlebte diese Form viele Veränderungen. Zu Beginn bestand sie aus 140 Bewegungen. Großmeister Yip Man empfand diese Zahl als zu hoch und reduzierte sie auf 108 (was bei den Chinesen als Glückszahl gilt). Später befand er jedoch, dass einige wichtige Teile fehlten und erhöhte die Anzahl auf 116 Techniken, wobei es grundsätzlich bis heute geblieben ist (obwohl es zahlreiche verschiedene Versionen dieser Form gibt).

Abb. 26 Wong Shun Leung beim Training an der Holzpuppe

Das Training der Holzpuppenform verbessert vieles im Bereich der eigenen Fertigkeiten, insbesondere aber die Fähigkeit, Fehler auszubügeln, die einem zwangsläufig beim Kampf unterlaufen. Ein weiterer nützlicher Effekt des Dummy-Trainings besteht darin, dass die vorgegebenen Winkel der Arme dazu beitragen, die Ausführung der Techniken zu perfektionieren und den Angriffswinkel zu verfeinern.

Es ist natürlich möglich, die Schläge und Tritte gegen die Holzpuppe mit wesentlich mehr Kraft auszuführen, als man dies unter Aspekten der Sicherheit gegen einen Trainingspartner tun könnte. Dennoch muss an dieser Stelle darauf hingewiesen werden, dass der Sinn und Zweck des Holzpuppentrainings nicht darin besteht, Arme und Hände zu stählen. Der Lernende sollte nicht ohne Rücksicht auf Verluste drauflos schlagen. Schließlich umfasst die Holzpuppenform viele Tritte, Beinstellaktionen, Fallen und Würfe sowie Kombinationen, die man noch nicht von den Soloformen her kennt.

Biu Ji

Name und Bezeichnung von Biu Ji, der sogenannten geheimnisvollen dritten Form des Wing Chun, kommen von der Redensart, „über den zum Mond zeigenden Finger hinaus zu sehen" (Sieh den Mond an und nicht den Finger!). Das Geheimnisvolle daran resultiert aus der Tatsache, dass Biu Ji oft nur an loyale Schüler weitergegeben wird, die sowohl aufgrund ihrer körperlichen Voraussetzungen als auch wegen ihrer Persönlichkeitsstruktur Perspektiven für das Erreichen eines hohen Entwicklungsstands erkennen lassen.

Bevor der Schüler Biu Ji erlernt, muss er das gesamte Konzept von Siu Nim Tau, Cham Kiu bis hin zur vierten Sektion von Muk Yan Jong durchgenommen haben. Viele der Bewegungen widersprechen dem, was wir bisher im Rahmen unseres Trainings gelernt haben.

Abb. 27

Diese Form lehrt uns, im Notfall auch abseits der ansonsten geltenden Regeln zu denken. Sie enthält viele Konzepte, einschließlich einiger Möglichkeiten, den eigenen Schaden so gering wie möglich zu halten, wenn man getroffen oder verletzt wurde oder während des Kampfes einen schweren Fehler gemacht hat. Ebenso werden Methoden vorgestellt, wie man nach einem Fehler zum Zentrum hin nachsetzt sowie Auswege nach dem Verlust der Hebelwirkung oder des Zentrums.

Aus diesen Gründen ist Biu Ji auch unter dem Namen Notfall- oder Verzweiflungs-Form bekannt und sollte deshalb auch nicht zu früh im Training eines Anfängers auftauchen. Besser ist es, erst gar keine Fehler zu machen, anstatt Wege finden zu müssen, um sie korrigieren, nachdem sie bereits geschehen sind.

Luk Dim Boon Gwan

Die erste der Waffengattungen Luk Dim Boon Gwan heißt wörtlich übersetzt „Sechseinhalb-Punkt-Langstock". Man nimmt an, dass die Wing Chun Langstock-Form um die Zeit der Operntruppe der Roten Dschunke entstand. Es handelt sich dabei um eine kurze Form, die eine Einführung in die grundlegenden Paraden und Angriffe bietet. Innerhalb der Form gibt es nur sechseinhalb eigenständige Techniken. Daher kommt auch der Name. Das richtige Training der Langstock-Form führt zu kräftigen Handgelenken und zu einem starken Stand.

Klebende-Stock-Techniken kann man mit einem Partner trainieren. Dabei geht es darum, am Stockende des Gegners zu „kleben" und dabei eine gute Position und einen günstigen Abstand aufrechtzuerhalten, bis man zum Schlag kommt. Diese Technik ist mit dem Fechten vergleichbar. Wenn sich eine Lücke auftut, setzt du den gegnerischen Langstock fest und schlägst oder gleitest an ihm herab, um die Hände des Gegners anzugreifen.

Das Üben mit dem Langstock ist ein erweitertes Training für Beinarbeit und Stellungen. Deshalb ist es eine äußerst nützliche Trainingsmethode. Außerdem ist es auch möglich, mit dem Langstock den Kampf gegen Butterflymesser zu trainieren.

Abb. 28
Wong Shun Leung beim Training mit Messern gegen den Langstock

Baat Jaam Do

Baat Jaam Do (Acht-Wege-der-Messer-Form) stammt unzweifelhaft aus einer Zeit, als Kung Fu-Techniken eine Angelegenheit auf Leben und Tod bedeuteten. Ungeachtet einer weitverbreiteten Meinung ist der Kampf mit bloßen Händen gegen einen erfahrenen bewaffneten Krieger nahezu aussichtslos.

Baat Jaam Do ist wegen des Erscheinungsbildes zweier gekreuzter Klingen auch als Butterflymesser-Form bekannt. Die aus acht Teilen bestehende Form demonstriert die unterschiedlichen Verteidigungs- und Angriffsmanöver.

Die Messer werden als eine Verlängerung der Handformen verwendet. Viele der gebräuchlichen Techniken können mit dem Messer ausgeführt werden. Im Kampf besteht das Ziel darin, zuerst die „Waffenhände" des Gegners anzugreifen. Der Zacken am Griff des Messers kann dazu benutzt werden, die andere Waffe festzuhalten.

In unserer heutigen Zeit mag man das Training mit Schwertern und Langstöcken altmodisch finden. Dennoch sind diese Formen äußerst nützlich, da sie eine andere Art der Beinarbeit sowie unterschiedliche Stellungen mit sich bringen.

Das Gewicht und die Tarierung der Klingen fördern darüber hinaus ein effektives Stellungstraining sowie die Kräftigung der Handgelenke. Das Waffentraining schult auch die Wahrnehmung von Bedrohungen und führt auf diese Weise zu einem anderen Bewegungsablauf. Es ist wichtig, dass man das vollständige System erlernt (auch wenn man selbst nicht alle Techniken nutzt), um es vielleicht Anderen in seiner Gesamtheit weitervermitteln zu können. Die wiederum bevorzugen dann möglicherweise einige der Techniken, die du persönlich nicht magst.

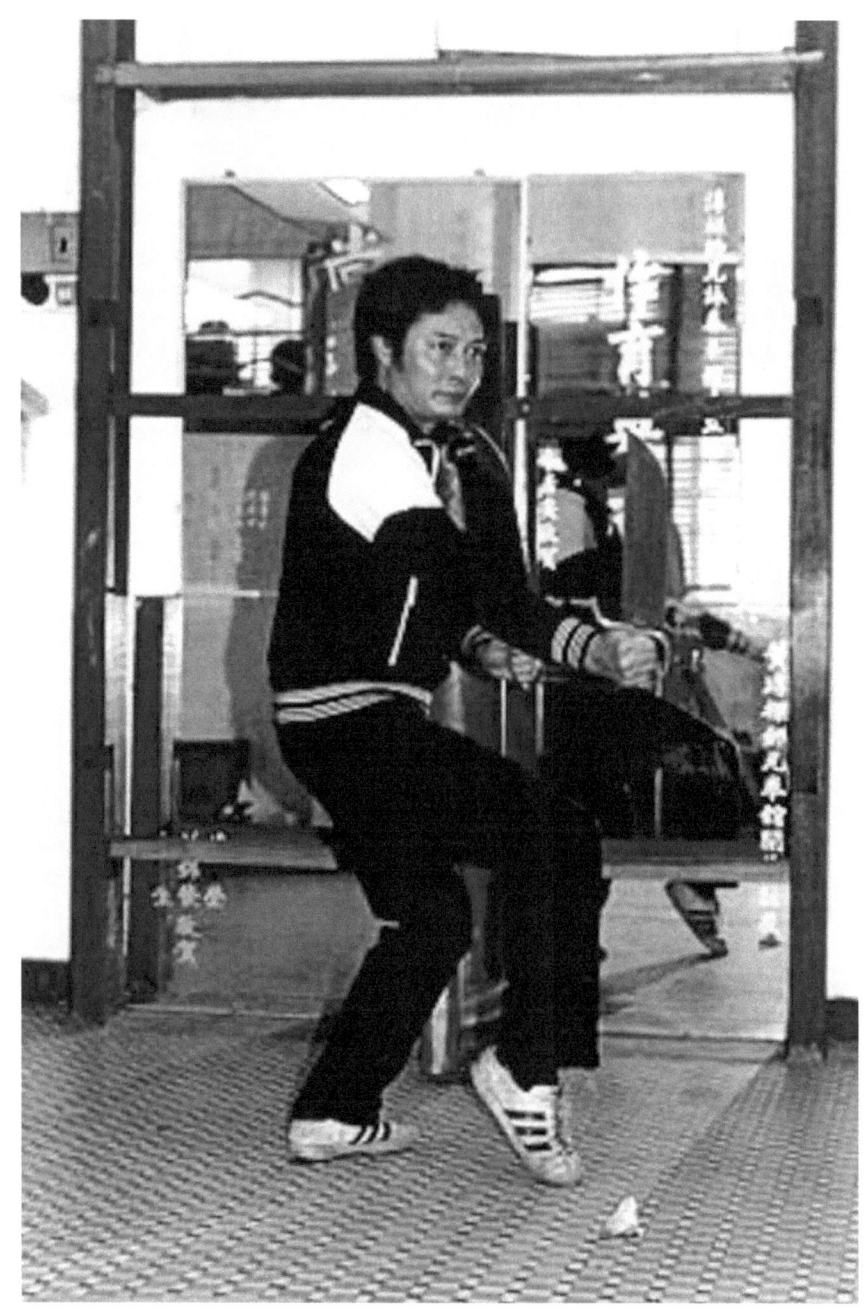

Abb. 29 Wong Shun Leung mit den Messern

DIE WING CHUN-DRILLS

Wing Chun beinhaltet einige einzigartige Drills. Sie werden häufig mit Kontakt ausgeführt und verlaufen zyklisch, um einfache Wiederholungen und Variationen zu ermöglichen. Der Sinn dieser Drills besteht darin, das Reflexsystem des Körpers auf eine angemessene Reaktion zu programmieren.

Einige dieser Drills verfügen über ein festes Bewegungsschema, doch müssen die Techniken als Reaktion und nicht als Folge einer bereits im voraus feststehenden Erwartungshaltung ablaufen. Zu diesem Zweck können die elementaren Drills, wenn man sie erst einmal verstanden hat, nach einem bestimmten Konzept abgeändert und angepasst werden. Am Ende sollte man die Drills in das Chi Sau-Training einfließen und zu dessen wesentlichen Bestandteil werden lassen.

Dan Chi Sau

Die hinter Tan, Bong und Fook Sau sowie dem richtig ausgeführten Handflächenstoß, dem Fauststoß, dem Stand und der Ausrichtung stehenden Grundgedanken sind sehr schön in Dan Chi Sau (Einfacher-Klebende-Hände-Drill) enthalten. Beginn mit einer gerade ausgerichteten Stellung, die aus Gründen der Sicherheit bewusst außerhalb der Reichweite liegt (außerdem ermöglicht dies das volle Ausspielen der Technik), wobei der Eine Tan Sau und der Andere einen dazu passenden Fook Sau anwendet.

Abb. 30

Der Kämpfer, der Tan Sau anwendet, sollte einen lockeren, jedoch federnden Jing Jeung (senkrechter Handflächenstoß) in Richtung Kinnpartie seines Partners schlagen. Behalt deine gerade Ausrichtung bei – schieb die Schulter nicht nach vorn, kipp nicht nach vorn und lehn dich nicht vor. Halt während der gesamten Aktion eine gute Körperhaltung sowie einen elastischen Druck aufrecht. Lass den Angriff auf natürliche Weise in eine Position zurückkehren, die sich, falls erforderlich, für Bong Sau eignet (also nicht gerade und steif, sondern elastisch mit leichter Ausrichtung nach vorn). Erfolgt der Handflächenstoß zu tief, empfindet man auch keine Bedrohung. Gibt es keine Bedrohung, gibt es auch keinen Grund zur Abwehr – regel die Sache einfach nur mit einem Schlag zum Gesicht.

Der Gegner wendet einen lockeren und elastischen Fook Sau mit leichtem, vom gesamten Unterarm ausgehenden Druck an. Wenn der Handflächenstoß geschlagen wird, sorgt der Druck dafür, dass Jam Sau (Säbelarm) mit dem Ellenbogen zur Anwendung gelangt. Jam Sau ist an dieser Stelle möglich (der Ellenbogen bewegt sich diagonal in Richtung der zentralen Achse), weil der Fook Sau-Ellenbogen entspannt und anfangs leicht nach vorn sowie nach außen ausgerichtet ist. Weil wir den Ellenbogen und nicht das Handgelenk zur Abwehr der Handfläche genommen haben, sollte der abfangende Arm nun gut ausgerichtet werden, um zurückschlagen zu können. Der Druck wird immer noch leicht gegen den Ellenbogen ausgeübt, um die federnde Kraft der angreifenden Hand auszugleichen.

Abb. 31

Der einstige Verteidiger hat nun eine Linie, über die er einen Gegenangriff führen kann und schlägt (bei tief gehaltenem, nach vorn geführtem Ellenbogen) zum Brustbereich, ohne seine Stellung dabei zu vernachlässigen. Ist der Schlag schwach, oder weist die Position des Ellenbogens nach außen, oder nimmt die Bewegung des Ellenbogens einen aufsteigenden Verlauf, kannst du dich mit einem Fauststoß zum Gesicht auf einfache Weise verteidigen.

Der ursprüngliche Angreifer muss seine Position nun mit Hilfe von Bong Sau verteidigen, um den gegen ihn gerichteten Ellenbogen

Abb. 32

unter Kontrolle zu bringen (mit der Kraft des auf das Zentrum weisenden Bong Sau-Ellenbogens), während er immer noch den aus seinem Stand erzeugten Druck aufrechterhält, um die Aktion im Griff zu haben. Bong Sau entsteht, weil der auf den Arm einwirkende Druck die Hand vom Zentrum entfernt und den Ellenbogen wieder die ursprüngliche Angriffslinie einnehmen lässt.

Abb. 33

Beide Arme kehren nun in die Startposition zurück und der Ablauf wiederholt sich von selbst. Vergiss nicht, dass jede Aktion eine Reaktion auslöst, die durch körperliches Fühlen entsteht. Der Handflächenstoß bewirkt einen Jam Sau und der Schlag wiederum einen Bong Sau. Dies musst du dir beim Training immer vor Augen halten. Unterbricht man den Rhythmus gelegentlich und sorgt man dafür, dass sich die Angriffe für den Partner unterschiedlich anfühlen, fordert man ihn dazu heraus, gefühlsmäßig und nicht präventiv auf die nächste zu erwartende Bewegung zu reagieren. Natürlich muss dieser Drill mit beiden Armen und von den Trainingspartnern mit wechselnden Rollen geübt werden.

Beachte: Wenn du das Zentrum, ganz gleich bei welchem Klebende-Hände-Drill auch immer, ständig mit deinen Ellenbogen umklammerst, werden weder du noch dein Partner befreit trainieren können. Du wirst ein Defensivdenken entwickeln und schwere Arme sowie hängende Schultern bekommen. Übermäßiger Einsatz oder Führungsarbeit der Schultern ist weit verbreitet, und verrät, was der Andere als Nächstes tut. Der übermäßige Einsatz der Schultern führt auch dazu, dass man dich wegen des Kraftaufwandes sowie der Hebelkraft, die zusätzlich erforderlich werden, besser unter Kontrolle bringen kann. Sind deine Arme entspannt und lässt du deinem Ellenbogen nach außen hin ein wenig Bewegungsspielraum, kannst du befreiter trainieren, und üben, sie dann einzusetzen, wenn sie gebraucht werden. Wenn deine Ellenbogen nicht gerade das Zentrum verteidigen, kannst du deine Unterarme in die richtige Schlagposition bringen. Das ermutigt zu positivem Denken.

Dan Chi Sau mit einem Schritt

Man beginnt mit einer gerade ausgerichteten Stellung, wobei der Eine Tan Sau und der Andere einen dazu passenden Fook Sau anwendet. Wie bei dem Einfache-Klebende-Hände-Drill geht die Tan Sau anwendende Person geradeaus nach vorn und greift mit einem lockeren und federnden Handflächenstoß die Kinnpartie des Partners an. Stell dir vor, du gingst mitten durch ein gleichschenkliges Dreieck zu dessen Spitze. Die Linie, die deine beiden Füße in dem Basisstand Yi Ji Kim Yeung Ma miteinander verbindet, ist die Grundlinie des Dreiecks.

Der Fook Sau-Arm des Gegners bekommt den Druck des Handflächenstoßes ab und sinkt zu Jam Sau herab, wobei er die gegen die zentrale Achse des Gegners gerichtete Energie beibehält (erscheint dir der Angriff zu hoch, musst du ihn möglicherweise nach unten hin korrigieren, um für eine

Abb. 34

bessere Haltung zu sorgen). Ein auf die feststehende Ellenbogenposition ausgeübter Druck erzwingt einen Rückzug, da die Hüfte bei Anwendung von Tui Ma zurückgeschoben wird. Wird der linke Fook Sau eingesetzt, gehst du mit dem linken Bein zurück. Das rechte Bein muss nach vorn hin ausgerichtet werden, um für einen guten Stand zu sorgen und die Leiste sowie das hintere Bein (wie bei Cham Kiu) zu schützen.

Dem Partner bietet sich nun sowohl die Linie als auch der Winkel, um auf geradem Weg mit einem Schritt und einem Fauststoß zur Brust erneut anzugreifen. Als

Abb. 35

Option bietet sich an dieser Stelle auch Chi Geuk an.

Der ursprüngliche Angreifer muss seine Position nun mit Hilfe eines Schlurfschritts zu einem kurzen Tan Sau (wie bei Siu Nim Tau nach der dritten Sektion von Jam Sau) und einem anschließenden Fauststoß ausrichten, wobei er Ellenbogen und Unterarm in eine überlegene Position bringt (Abb. 36). Als Option bietet sich an dieser Stelle auch Chi Geuk an.

Abb. 36

Alternativ kannst du, wenn der gegen dich gerichtete Schlag zu stark oder sehr gut platziert sein sollte, deinen vorderen Fuß zur Seite setzen, so dass er zu deinem hinteren Fuß wird (dein hinterer Fuß richtet sich auf der Cham Kiu-Linie aus, während das vordere Bein nach innen gedreht wird). Das bezeichnet man als einen „Langschritt". Geschieht dies, wendest du Bong Sau an (wie bei Cham Kiu zweite Sektion Paau Bong), um den gegen dich eingesetzten Ellenbogen mit deinem eigenen

a

b

Abb. 37 a + b

Ellenbogen unter Kontrolle zu bringen. Halt einen von deinem Bong Sau ausgehenden, gegen den Stand deines Gegners wirkenden Druck aufrecht, um seine Vorwärtsbewegung zu stören und abprallen zu lassen.

Achte darauf, dich bei diesem sowie bei anderen Drills, bei denen Schritte ausgeführt werden, niemals nach vorn zu lehnen, um zu schlagen. Die Schultern bleiben stets gerade, unten und entspannt. Die Ellenbogen sind leicht gebeugt und flexibel. Achte bei der Ausführung der Schritte auch auf eine gute Haltung, richte die Hüften nach oben hin aus und sorg dafür, dass dein Körper das Gleichgewicht hält.

Abb. 38

Die Anwendung von Fook Sau zum Abfangen von Schlägen

Hierbei handelt es sich um eine gute Trainingsübung, die einem deutlich macht, wie man ein simples Konzept (Fook Sau) dazu einsetzen kann, mit einer ganzen Palette möglicher Situationen fertig zu werden. Wenn man dich mit einem geraden Fauststoß angreift, streckst du beide Hände in der Funktion eines Fook Sau in Richtung des gegnerischen Zentrums aus. Die Arme bleiben im Rahmen dieser Aktion federnd und elastisch. Dabei sollte die weiche Seite des Arms dem Angriff zugewandt sein. Die eine Hand geht zum Zentrum (Kopf), während sich die andere parallel dazu befindet. Dadurch entstehen zwei Kontakt- bzw. Kontrollstellen. Du solltest (abhängig von der gegen dich gerichteten Kraft, die du abfängst) unter Anwendung von Tui Ma entweder vor- oder zurückgehen, wobei Hüften und Schultern dem Gegner zugewandt sind. Eventuell musst du deine Arme einsetzen, um dich zwecks Rückzug nach hinten abzustoßen, oder aber du gehst bei einem schwächeren Angriff in diesen hinein. Die am Ende dem Gegner gegenüber eingenommene Position ist – egal in welche Richtung du nun gehst – nahezu die selbe (Schultern und Hüften sind ihm direkt zugewandt).

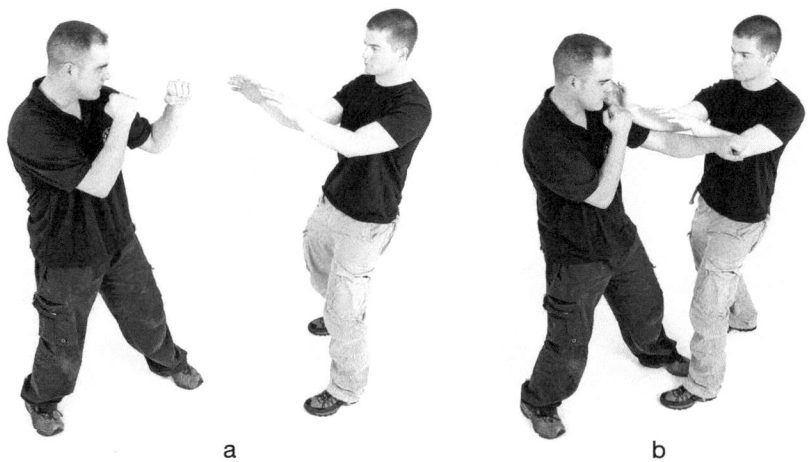

a   b

Abb. 39 a + b

Einem zweiten auf gerader Linie ausgeführten Angriff begegnet man auf die gleiche Weise, indem man die außen liegende Hand dazu benutzt, auf das Zentrum Druck auszuüben und den zweiten Angriff abzufangen. Es kann sein, dass man seine Beinarbeit an dieser Stelle umstellen muss, doch besteht das vorrangige Ziel darin, den gegnerischen Angriff zu stoppen und jede weitere Bewegung zu unterbinden. Schlag nur dann, wenn die Kampfdistanz auch wirklich stimmt.

Setzt der Gegner einen Haken oder einen Schwinger ein, musst du in den Angriff hineingehen und ihn stoppen, bevor die Schulter nach vorn gebracht wird. Der Schritt ist grundsätzlich derselbe wie im Fall des geradlinig ausgeführten Schlags, verläuft jedoch in die entgegengesetzte Richtung. Stell dir die Aktion des Hakens vor, als handele es sich dabei um eine Tür, die

Abb. 40

nur kurz geöffnet wird. In dem Moment, in dem sie aufgeht, schlüpfst du schnell hindurch. Begib dich in gerader Ausrichtung zu Schulter / Oberarm und bring eine Hand zum Kopf (Zentrum) sowie die andere in die Nähe des Ellenbogens. Beide Ellenbogen müssen gebeugt sein und zum Boden weisen (die tiefe Haltung deines Unterarms entscheidet über deine Fehlerspanne). Die Hand, die den Angriff stoppt, muss den den Schlag ausführenden Arm nahe des Ellenbogens ungefähr im rechten Winkel kreuzen. Sorg dafür, dass dein Unterarm den Angriff stoppt und nicht etwa deine Hand, da diese dazu erstens zu schwach und zweitens zu verletzungsanfällig ist.

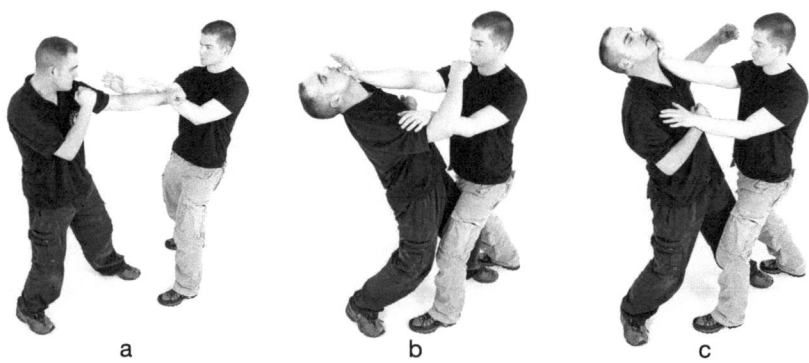

a   b   c

Abb. 41 a, b + c

Kommt ein zweiter Fauststoß, musst du dich drehen, in den Angriff hineingehen und auf die gleiche Weise schlagen wie bereits zuvor. Du kannst Fook Sau anwenden, aber ein Tan Sau mit nachfolgendem Fauststoß ist aus dieser Position heraus ebenfalls ein probates Mittel. Tan Sau verwandelt den Rundschlag in eine geradlinig verlaufende Aktion. Die Alternative hierzu ist, den Kiefer wie einen Hebel zu benutzen und den Kopf (mit der Hand, die zu Beginn den Schlag ausgeführt hat) in die Richtung der Schulter, von der aus der nächste Fauststoß kommt, zu drücken. Dies blockiert die Drehbewegung des Körpers und verhindert, dass der Fauststoß an Kraft gewinnt. Ebenso ist es möglich, in gleicher Richtung auf den Ellenbogen einzuwirken, anschließend den gesamten Körper des Anderen so herumzuwirbeln, dass der Gegner mit dem Gesicht von dir abgewandt steht und ihn dann in einen Würgegriff zu nehmen. Du kannst ihn nun als Schutzschild gegen weitere Angreifer einsetzten oder ihn einfach auf den Rücken werfen.

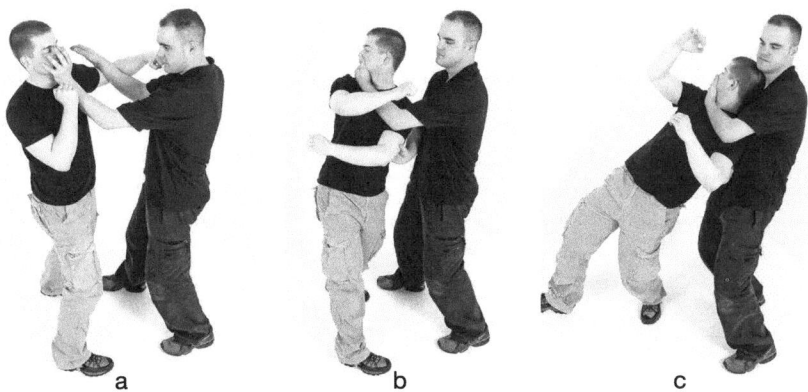

a   b   c

Abb. 42 a, b + c

Eine andere Möglichkeit, sich mit einer eingedrehten (hakenförmigen) Aktion dieses Typs auseinander zu setzen, wäre nach vorn zu gehen und sich mit dem Anderen (wobei man dem Ziel zugewandt bleibt) zu drehen. Unter Anwendung des Cham Kiu Fook Sau ist es möglich, den gegen sich gerichteten Fauststoß abzufangen oder zu greifen (Lap) und die Körperdrehung weiter ihren ursprünglichen Verlauf nehmen zu lassen, wobei man sie jedoch leicht nach unten zieht und den Angreifer auf diese Weise zu einer Überreaktion verleitet und ihn mit einem Schlag deiner anderen Hand aus dem Gleichgewicht bringt.

Wu Sau

Immer dann, wenn eine Hand gerade einmal keine Aufgabe ausführt, befindet sie sich in der Regel in der Wu Sau-Position (Schutzhand). Wu Sau befindet sich auf der Linie der zentralen Achse und deckt das Kinn, die Kehle oder die Nase für den Fall, dass ein Angriff die Deckung durchdringt. Wu Sau ist zudem auch eine Bereitschaftsposition. Die Hand ist darauf ausgerichtet, aus dem Zentrum heraus zum Angriff vorzuschnellen oder jede andere beliebige Aktion auszuführen, immer aktiv und niemals passiv.

Wu Sau und Fauststoß: Allgemeine Schlagdrills mit Wendung

Der Einsatz eines Fauststoßes mit anschließendem Wu Sau, um sich gegen Fauststöße zu wappnen, ist auch ein gutes Training für die Wendung und das Wu Sau-Empfinden. Der Angreifer, der die Fauststöße ausführt, übt richtig zu schlagen und den Arm dabei vollständig auszustrecken. Die Übung kommt zudem der Kraft und Konditionierung der Arme sowie des gesamten Standes zugute. Fauststöße sollten mit Härte ausgeführt werden, um Widerstandskraft zu entwickeln.

Derjenige, der sich gegen die Fauststöße zur Wehr setzen muss, bedient sich Wu Sau und eines Fauststoßes, um die gegen ihn gerichteten Schläge abzulenken und selbst anzugreifen. Die Arme müssen elastisch bleiben, wobei der Wu Sau-Unterarm auf das Zentrum des Gegners ausgerichtet und zum Angriff bereit sein sollte. Wenn man mit einem Angriff konfrontiert wird, hat man mit zwei Kontaktpunkten eine stärkere Position. Außerdem wird der Gegner dadurch gezwungen, beim nächsten Mal mit der anderen Hand über eine vorhersehbare Linie anzugreifen.

Abb. 43

Wenn der nächste Angriff mit einem Fauststoß erfolgt, bei dem man den bereits gelandeten Schlag nach oben hin verlaufend zurückdrückt, führt der Gegner eine Wendung zur anderen Seite aus (was es dem Angreifer ermöglicht, ihn zu drehen) wechselt Wu Sau- und Schlaghand und platziert den Schlag auf diese Weise über den gegenüberliegenden Ellenbogen hinweg im Zentralpunktbereich des Körpers. Dieser Vorgang wird daraufhin wiederholt. Der, der den Fauststoß ausführt, kann zu jeder Zeit den Druck von seinem Schlagarm nehmen, woraufhin die Wu Sau-Hand seines Gegners nach vorn schnellen sollte. Obwohl sich die Wu Sau-Hand bei Siu Nim Tau nach hinten bewegt, versucht sie in Wirklichkeit jedoch nach vorn zu schnellen, während der Arm die Ausgangsstellung für einen Angriff einnimmt.

Abb. 44

In unregelmäßigen Abständen kann der, der den Schlag ausführt, einen Arm des Verteidigers packen und versuchen, diesen durch Ziehen aus dem Gleichgewicht zu bringen. Der Verteidiger sollte seinen Stand dazu einsetzen, seinen Angriff wieder zu ordnen und dabei einen Lan Sau aufbauen (wie zu Beginn der zweiten Sektion von Cham Kiu), um nach vorn zu schießen und die am Arm ziehende Person zu destabilisieren.

Alternativ kann der den Schlag Ausführende den Verteidiger ab und zu auch schieben oder stoßen und so versuchen, ihn aus seinem Stand zu heben und ihn zurückzutreiben. Dieses Schieben sollte dazu führen, dass die Wendung im Stand zu Tui Ma sowie einem Rückzug in die Sieben- oder Fünf-Uhr-Stellung zusammenbricht.

Auch diesmal befindet sich Wu Sau in ständiger Bereitschaft und entsprechender Ausrichtung, um zum Angriff nach vorn zu schnellen

Abb. 45

73

oder aber, um die nächste Bewegung abzudecken. Dieser Drill kann problemlos auf Chi Sau übertragen werden.

Abb. 46

Gelingt es dem Angreifer nicht, seinen Angriff entlang der Linie des kurz zuvor platzierten Fauststoßes hinterherzuschicken, und rutscht er stattdessen auf die andere Seite der Faust, so wird der letzte Schlag zu Gaan Sau, der den Fauststoß nun aus dem Weg schaufelt und die Kraft auf den Angreifer zurück leitet (Abb. 47). Verläuft der Angriff weit genug weg vom letzten Schlag, oder befreit sich der Gegner und versucht einen Schwinger zu landen, wäre Fook Sau mit einem nachfolgendem Fauststoß ein angemessenes Mittel (Abb. 48).

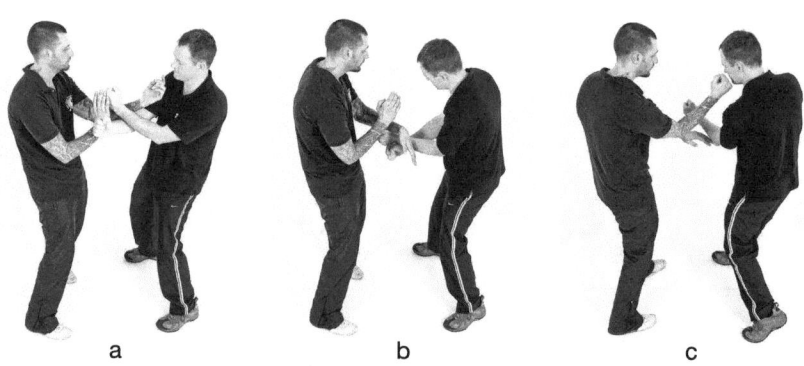

a   b   c

Abb. 47 a, b + c

Abb. 48 Anwendung des Fook Sau-Konzeptes zum Abfangen eines Hakens

Man kann viele Wing Chun-Aktionen so wie diesen Drill immer wieder auf die gleiche Weise trainieren, wobei man mit Drehungen auf gerade Fauststöße reagiert. Hat man sich die grundlegenden Prinzipien erst einmal mit Hilfe der ständig wiederkehrenden Drills eingeprägt, kann man nun damit beginnen, die zur Verteidigung genutzten Aktionen zu variieren und mit anderen zu mischen, um sich an Improvisationen unter Druck zu gewöhnen.

Diese Drills helfen dem Lernenden zu verstehen, wie man einen Angriff bremst oder zunichte macht oder dann mit der selben oder aber der anderen Hand nachsetzt. Dies entspricht ungefähr dem Vorgehen in der dritten Sektion von Siu Nim Tau, in der beschrieben wird wie man fließend von einer Aktion zur nächsten gleitet. Es ist wirklich nicht schwer, die meisten dieser Aktionen (aus der dritten Sektion von Siu Nim Tau) in diese Drills mit aufzunehmen.

Du kannst ebenso üben, Fauststöße einfach abzufangen oder sie nach dem Fook Sau-Konzept mit deinen eigenen Schlägen kreuzend abzufangen. Grundsätzlich wirst du diese Techniken bei dem Versuch nach vorn zu gehen, um einen Angriff zu unterbinden, anwenden. Du kannst sie aber auch genauso gut beim Zurückgehen einsetzen.

Wu Sau und Fauststoß:
Allgemeine Rückzugdrills

Hierbei handelt es sich um einen Rückzugdrill unter Einsatz eines Fauststoßangriffs mit Schritt nach vorn sowie dem Tui Ma in Aktion im Gegensatz zu der vorhergehenden Wendung auf der Stelle.

Wenn du mit einem Faustangriff konfrontiert wirst, der mit einem Schritt nach vorn ausgeführt wird, wechselst du beim Rückzug abwechselnd die Seiten auf die Fünf- oder Sieben-Uhr-Position. Kommen die Schläge zu hoch, musst du sicherstellen, dass du mit Wu Sau/ Jan Sau die Höhe der gegen dich gerichteten Schläge unter Kontrolle hast. Zieh sie herunter und benutz dabei den sinkenden Ellenbogen zur Unterstützung einer guten Position (die selbe Technik kann auch im Rahmen des zuvor beschriebenen statischen Drills angewandt werden). Zum Abschluss der Jam Sau-Technik kann man - wenn man erst einmal einen festen Stand gefunden hat - auch ein paar Schläge folgen lassen, und trotzdem an der selben Stelle ankommen. Hüften und Schultern sind deinem Gegner zugewandt, während du bereit bist, den nächsten Fauststoß abzufangen.

a   b

Abb. 49 a + b

Bist du der Angreifer, kannst du vorrücken und dabei dasselbe Bein vorn behalten. Du kannst aber auch beide Beine abwechselnd nach vorn setzen. Setz deinen Schritt dazu ein, um deinen Fauststößen Kraft zu verleihen. Dadurch spürt der Verteidiger wie der Druck seinen Ellenbogen bzw. seine Hüfte in den „zusammenbrechenden" Tui Ma zurück zwingt. Ich weise nochmals darauf hin, dass viele Wing Chun-

Aktionen als Reaktion auf mit Schritten ausgeführte Fauststöße immer wieder in Form von Drills geübt werden können. Wurden die Grundlagen erst einmal richtig „eingedrillt", kann man nun damit beginnen, die Aktionen zu variieren und untereinander zu mischen.

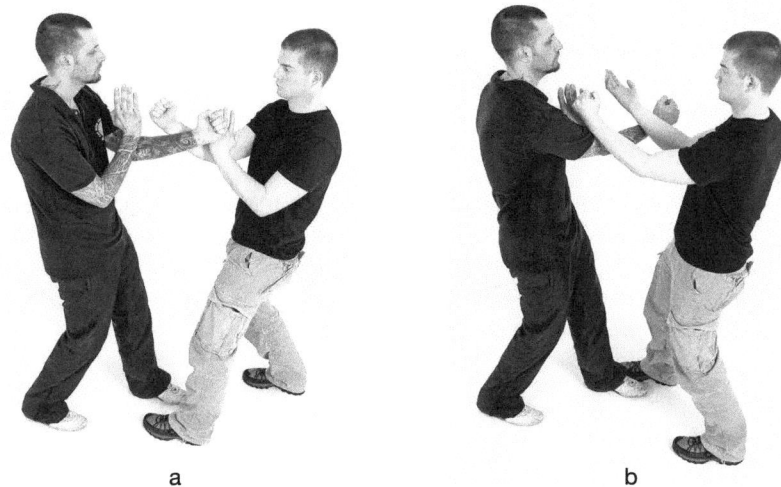

a   b

Abb. 50 a + b

Lap Sau und Pak Sau

Obwohl Lap Sau und Pak Sau Angriffstechniken sind, können sie auch eingesetzt werden, um Kontrolle auszuüben und zu verteidigen. Für den Übenden ist es äußerst wichtig, diesen Techniken viel Zeit zu widmen und sich mit den vielen verschiedenen Einsatzmöglichkeiten vertraut zu machen. Wörtlich übersetzt heißt Lap Sau „abwehren" oder „abwendende Hände", während Pak Sau „klatschende Hand" bedeutet.

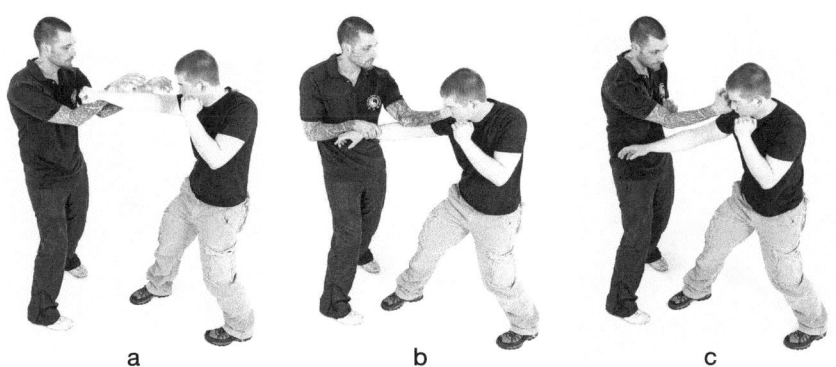

a   b   c

Abb 51 a, b + c Lap Sau Technik mit Fauststoß

Lap Sau

Lap Sau wird oft gebraucht, wenn der vordere Arm in Kontakt mit dem Arm des Gegners steht, sich jedoch leicht außerhalb der Reichweite befindet. Man zieht mit einem kurzen, aber heftigen Ruck an dem Arm. Gleichzeitig erfolgt ein Angriff mit der anderen Hand. Man zieht den Arm des Gegners aus dem Weg, während der Gegner in den Angriff hineingezogen wird (52 a, b + c).

Lap Sau-Drill

Der Lap Sau-Drill verläuft zyklisch. Der Eine führt eine Lap Sau-Technik mit einem Fauststoß aus, während sein Partner das Zentrum verteidigt und Bong Sau sowie Wu Sau anwendet. Nun führt der Gegner Lap Sau aus und schlägt mit seiner Bong Sau-Hand. Dieser Vorgang wird daraufhin wiederholt (52 a, b, c, d und e).

a   b   c

d   e

Abb. 52 a, b, c, d und e Lap Sau-Drill

Ein Seitenwechsel kann stattfinden, wenn der Verteidiger mit der Hand seines Bong Sau-Arms den gegnerischen Arm ergreift, der kurz zuvor Lap Sau gegen ihn ausgeführt hat (Abb. 53 a,b +c).

Es ist wichtig, während des Drills locker zu bleiben. Du musst darauf achten, dass du weder Bong Sau noch den Fauststoß mit allzu großer Intensität ausführst und die ganze Zeit über weißt, wo sich das Zentrum befindet. Bei der Ausführung von Lap Sau empfiehlt es sich, das Tempo sowie den Krafteinsatz, mit dem du die Technik ausführst, zu variieren. Damit stellst du den Bong Sau deines Gegners auf die Probe. Es ist leicht, sich Varianten und Unterbrechungen für den Lap Sau-Drill auszudenken. Solche Veränderungen fördern die Improvisationsfähigkeit und die Entwicklung einer flüssigeren Technik. Die Wu Sau-Hand sollte auf das Zentrum ausgerichtet sein und sich hinten in der Nähe der Schulter befinden, um zu verhindern, dass sie festgehalten wird.

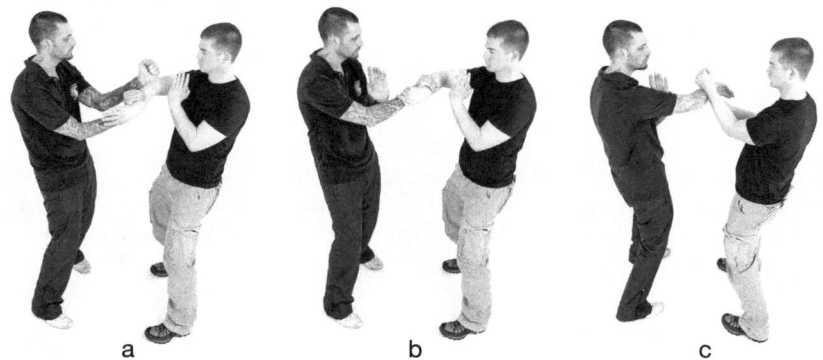

a   b   c

Abb. 53 a, b und c Lap Sau-Drill mit Seitenwechsel

Variationen für den Lap Sau-Drill

Normalerweise wendet man Lap Sau an, um den Gegner zu sich hin zu ziehen, wenn man sich leicht außerhalb der Reichweite befindet. Häufig kommt Lap Sau auch nach einem defensiven Bong Sau zum Einsatz. Als Drill eignet sich Lap Sau hervorragend, um fließende Bewegungen zu entwickeln. Außerdem hilft er dir, locker zu bleiben, wenn du unter Druck gerätst und zeigt dir zudem auf hervorragende Weise, dass sich der Ellenbogen da befindet, wo wir die Kontrolle verstärken müssen, wenn unsere Hände einmal mit anderen Dingen beschäftigt sind. Darüber hinaus erinnert uns der Lap Sau-Drill daran, dass wir, nachdem ein Angriff gegen uns gerichtet wurde, sofort kontern müssen.

Lap Sau-Drill 1

Um Lap Sau als Technik und Konzept zu verstehen, stellen sich du und dein Partner zu Beginn jeweils in Man Sau-Position gegenüber: Einer der beiden Partner führt Lap und den Fauststoß aus, wobei er den Lap leicht entlang der Zentrallinie zieht. Der Verteidiger wendet nun Wu Sau an und führt diesen zur Mitte hin aus. Jetzt stellt der ursprüngliche Angreifer Kontakt mit dem Wu Sau her und führt nochmals einen Lap mit anschließendem Fauststoß aus. Zieht man den Lap Sau leicht über das Zentrum, wird die Verteidigung schwieriger und provoziert übertriebene Reaktionen, mit denen man leichter fertig wird.

Lap Sau-Drill 2

Aus dem Lap Sau-Drill heraus greift einer der beiden Partner mit Hilfe des Fook Sau-Konzepts aus der ersten Sektion in Cham Kiu sowie mit Pak Sau an. Der Fook Sau entsteht aus dem Bong Sau, den du soeben angewendet hast, und Pak Sau entwickelt sich aus deiner Wu Sau-Hand. Du drehst die Hüften zurück, um deinem Partner gegenüber zu stehen und gehst während du angreifst geradewegs in seinen Stand hinein.

In der Anfangsphase dieses Drills wirst du mit einem solchen Angriff am besten fertig, wenn du das Zentrum mit deinem Wu Sau (mit dem dein letzter Fauststoß erfolgte) dicht machst und dann versuchst, Jat Sau anzuwenden und zurückzuschlagen.

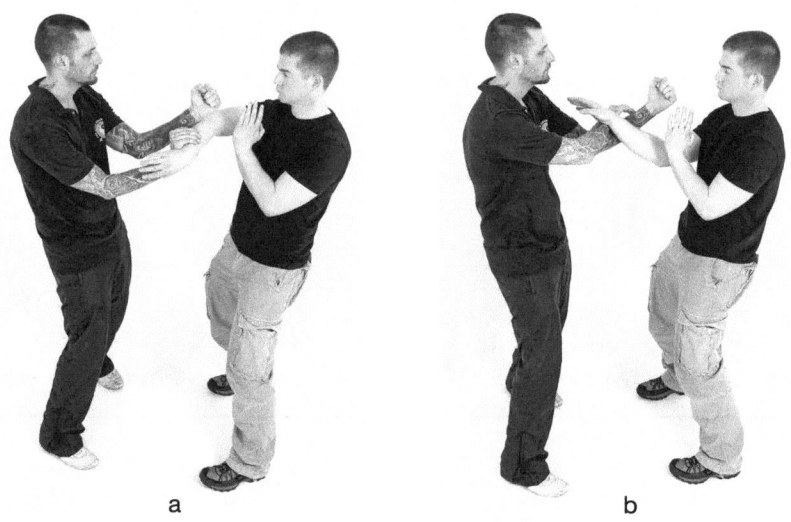

a   b

Abb. 54 a, b

c   d

Abb. 54 c und d

Lap Sau-Drill 3

Aus dem Lap Sau-Drill heraus greift einer der beiden Partner wie zuvor mit Hilfe von Fook Sau und Pak Sau an. Je nach Stärke des Drucks, der von dem ursprünglichen Pak Sau ausging, kannst du entweder mit Pak Sau reagieren oder zu Tan Sau mit Fauststoß in Verbindung mit einer Wendung wechseln. Die Hand, die den Bong Sau kontrolliert hat, kann zum Tan Sau werden (wenn der von Pak Sau ausgehende Druck nach unten oder nicht zu sehr am Körper entlang verläuft). In diesem Fall landet dein Tan Sau oberhalb sowie außerhalb des angreifenden Schlags.

a   b   c

Abb. 55 a, b, c

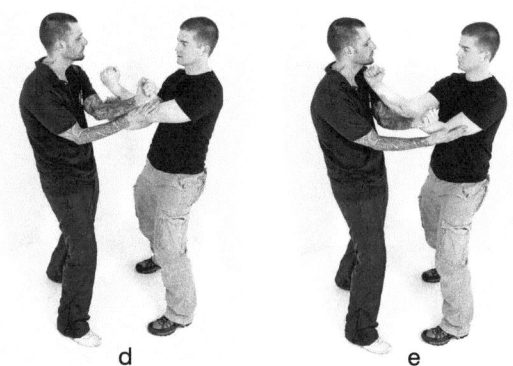

Abb. 55 d und e   d   e

Lap Sau-Drill 4

Aus dem Lap Sau-Drill heraus bewegt sich einer der beiden Partner, als wolle er einen Schlag ausführen, schiebt aber stattdessen den Bong Sau-Ellenbogen seines Partners weg und versucht, ihn gegen dessen Körper zu pressen oder den Gegner damit zurückzuschieben.

Arbeitet der Verteidiger mit guter Körperhaltung und Feingefühl, muss er einen Tan Sau und einen Fauststoß einsetzen, um sich in Verbindung mit Tui Ma dagegen zu verteidigen, festgehalten oder überwältigt zu werden. Die Richtung des Schritts hängt von der Richtung und Intensität des Stoßes ab.

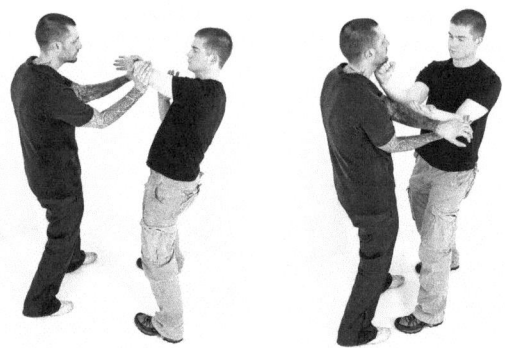

Abb. 56 a + b Beide Parteien können ihre Beinarbeit jetzt unter Einsatz von Bong Sau wieder ausrichten, den Lap Sau-Drill erneut aufnehmen und die Übung nach Belieben wiederholen.

Lap Sau-Drill 5

Aus dem Lap Sau-Drill heraus greift einer der beiden Partner an, indem er seine Schlaghand zu Pak Sau werden lässt und mit der Hand, die soeben den Lap ausgeführt hat, zum Brustbereich schlägt. Dies eignet sich hervorragend, um die Wu Sau-Haltung deines Partners zu testen. Bewegt sich dein Wu Sau mit nach unten gerichtetem Ellenbogen auf der zentralen Achse nach vorn, kann er an dem angreifenden Arm entlang gleiten und den Schlag mit Hilfe einer Tan Sau-Aktion auflösen (Abb. 57 a,b und c).

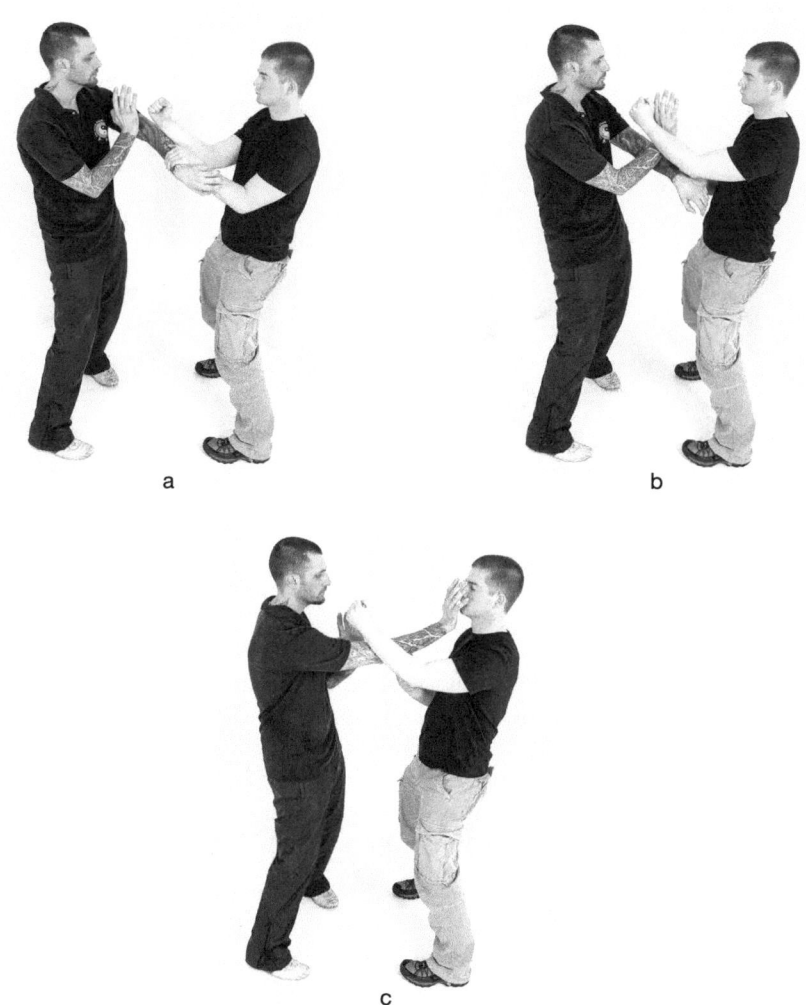

a

b

c

Abb. 57 a, b und c Aus dem Lap Sau-Drill heraus erfolgender Wu Sau-Test

Befindet sich dein Wu Sau-Ellenbogen nicht mehr in der richtigen Position (nahe der Hüfte), weil er dir beim Ergreifen des Handgelenks während der Ausführung des Laps nach außen hin ausgebrochen ist, wird dein Wu Sau-Arm nach unten geschlagen und du wirst entweder dort getroffen, oder der Gegner erwischt dich mit einem Schlag, der von unterhalb deines zugreifenden Arms her aufsteigt (Abb. 58 a und b).

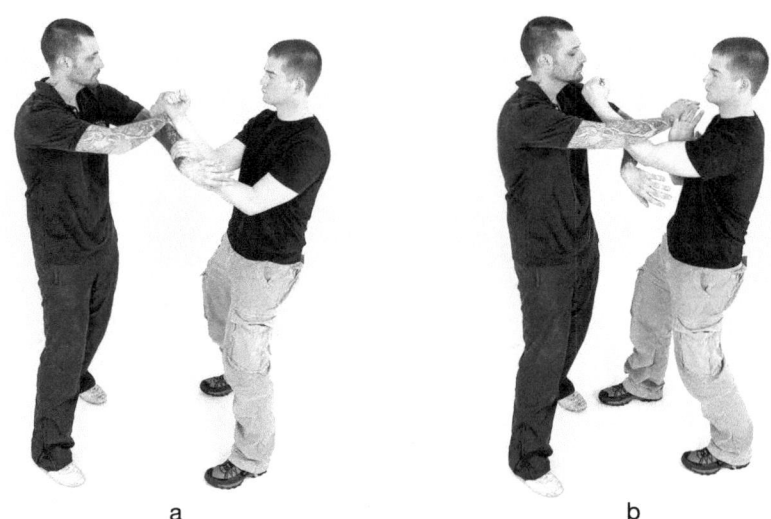

a   b

Abb. 58 a + b Durch das Quergreifen wird der Wu Sau-Ellenbogen aus seiner Position gebracht, anstatt sich über die Linie der zentralen Achse nach vorn zu bewegen.

Pak Sau

Pak Sau leitet sich von dem chinesischen Verb für „klatschen" ab. Es handelt sich dabei um einen kurzen, klatschenden gegen das Zentrum gerichteten Handflächenstoß. Pak Sau kann als reine Abwehr dienen oder aber dazu verwendet werden, einen Arm zu kontrollieren oder wegzubewegen, um einen Angriff mit der anderen Hand zu erleichtern. In der Regel würde der Angriff mit der vorderen (nächstgelegenen) Hand erfolgen.

Pak Sau-Drill

Starte einen ersten Angriff mit drei voll ausgefahrenen, aus dem Stand heraus ausgeführten Wing Chun-Schlägen. Benutz drei, die Seite wechselnde Pak Saus zur Verteidigung – richte die Hände auf die Linie der zentralen Achse aus und bedien dich wie in der dritten Sektion der Holzpuppenform einer leichten Wendung, um den richtigen Winkel einzunehmen. Stell dir die Pak Saus als Mittel vor, um Angriffe abzulenken und / oder zu unterbinden und Folgeangriffe schwieriger und leichter vorhersehbar zu machen. Ändere den Rhythmus dann wie folgt: 1. Pak, 2. Pak, 3. Pak und 4. Fauststoß.

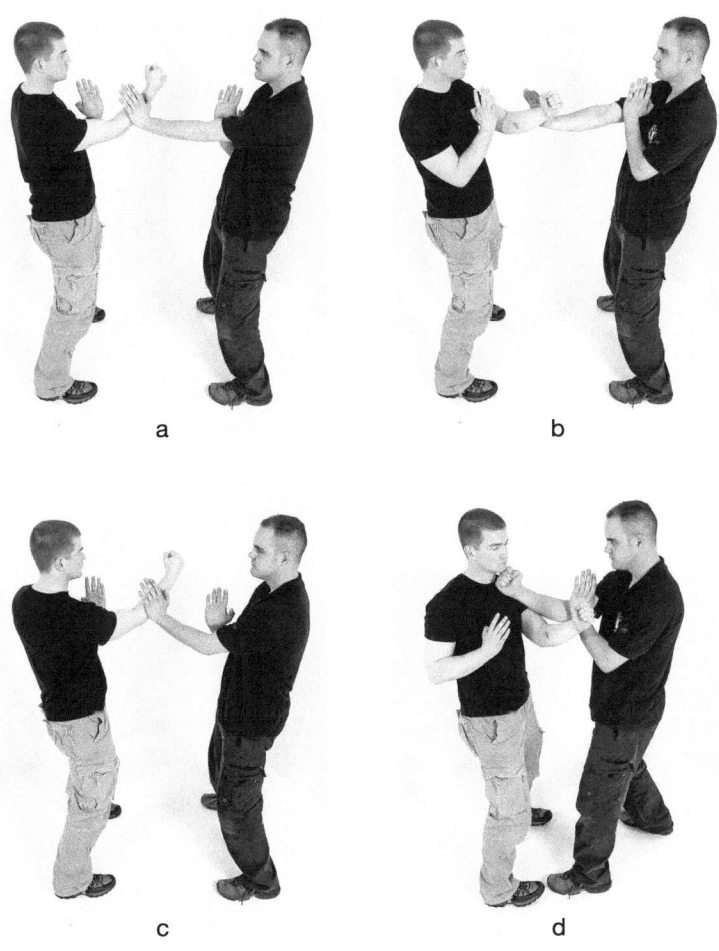

a   b

c   d

Abb 59 a, b, c und d

Mit dem selben Pak Sau-Drill können wir nun lernen, wie man das Konzept gegen einen Faustangriff in Verbindung mit einer Vorwärts- oder Rückwärtsbewegung einsetzt. Verwende entweder den Schlurf- schritt oder einen langen Schritt, um das anfängliche Timing zu fin- den und dir Zugang zu den verschiedenen Seiten zu verschaffen oder Alternativen im Rahmen deiner Beinarbeit zu trainieren (wie dies mit Hilfe eines Schritts auch bei den Einfachen-Klebenden-Händen mög- lich ist). Geh mit einer Hand (Fauststoß) und einem Bein, die auf der selben Seite liegen, in die Aktion hinein. Versuch mit deinem Eröff- nungsschritt den Stand deines Gegners aus dem Gleichgewicht zu bringen. Bring dein Knie - wenn machbar mit dem größtmöglichen destabilisierenden Effekt - nah an das gegenüber liegende (dein linkes Knie quer zum Stand an das rechte des Gegners). Pak Sau sollte die Kontrolle in der Nähe des Ellenbogens ausüben.

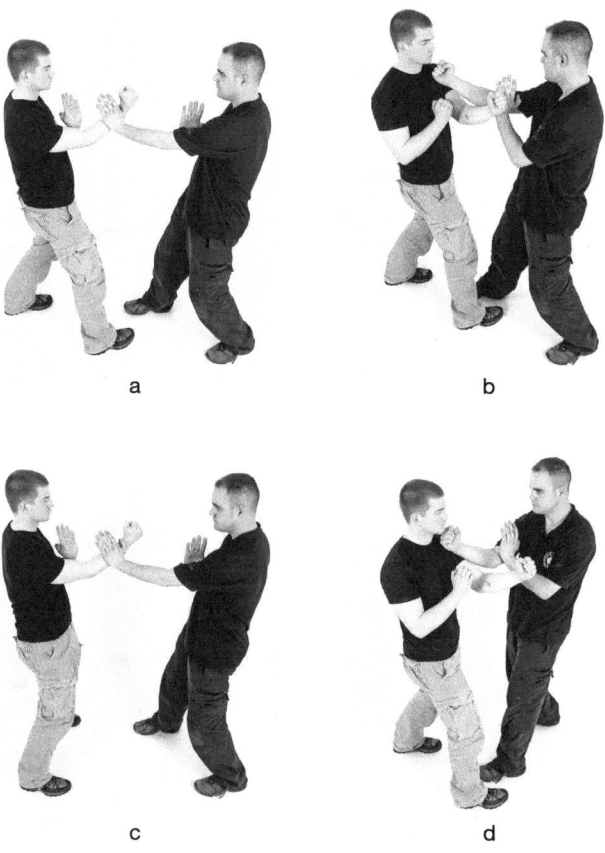

a   b

c   d

Abb 60 a, b, c + d

Wenn du dieses Prinzip anwendest und gegen einen zurückweichenden, schlagenden Gegner nach vorn gehst, solltest du den Angriff mit ein paar Schritten beenden. Richte die Pak Saus gegen die Linie der zentralen Achse und beweg dich schneller nach vorn, als dein Gegner zurückweichen kann. Deute dabei Schläge zum Kinn- und Halsbereich des Gegners an. Sobald ein geeigneter Kontakt hergestellt werden kann und ein günstiger Abstand vorhanden ist, solltest du richtig zuschlagen. Alternativ kannst du die Aktion, nachdem Pak Sau den Arm passiert hat, mit der vorderen Hand bis knapp hinter die Linie der zentralen Achse weiterführen. Dies legt den Verlauf des zweiten Angriffs auf einen bereits vorbestimmten Weg fest. Schirm die folgenden Angriffe unter Anwendung des selben Prinzips solange mit deiner vorderen Hand ab, bis deine eigene Angriffslinie offensichtlich wird. Mit diesem Drill lernst du, dass es immer eine gute Idee ist, die vordere Hand vorn zu lassen und Jat Sau, Fook Sau, Cham Kiu Fook Sau oder Lap Sau anzuwenden.

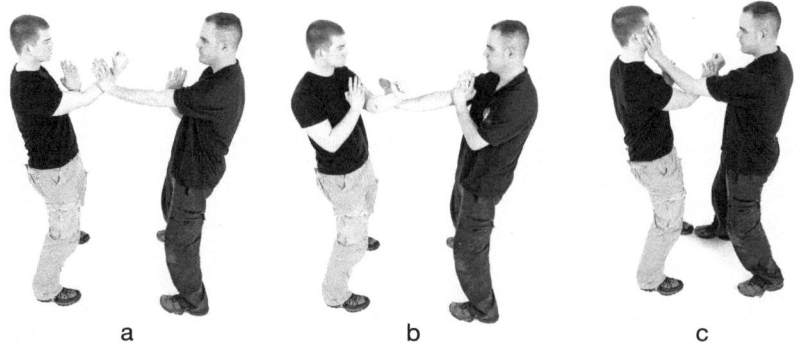

a   b   c

Abb. 61 a, b + c

Man sollte die Hände beim Einsatz gegen den Gegner nicht ständig wechseln, solange dies nicht unbedingt nötig ist. Während deine Hand auf das Zentrum oder aber in das Gesicht des Gegners drückt, liegt es an ihm, damit fertig zu werden oder um die Hand herum zu gelangen, wobei er einen größeren Weg zurücklegen muss.

Versuch nun, den Angriff mit einem Jab und einem Cross zu variieren und verwende die selbe Abwehr, um den Angriffen ein Ende zu setzen.

Variiere diesen Drill auch mit einem Schubser und einem Fauststoß, einem beliebten Auftakt zu weiteren Gewalttätigkeiten, oder mit einem Schieben mit der Faust, was häufig eingesetzt wird, um sich sein Gegenüber für den ganz großen Schlag in Position zu rücken. Andere Varianten, die sich für diesen Drill eignen, berücksichtigen Pak und

Man Sau, zuerst mit einem Jab und dann mit einer Jab-Cross-Kombination. Als Alternative kannst du auch mit einem Pak Sau zu Werke gehen, um hinter den Jab zu gelangen und dann Pak oder Lap Sau gegen den Cross einzusetzen.

Das funktioniert sehr gut, weil der durch Pak Sau auf den vorderen Arm ausgeübte Druck (oder um es genauer auszudrücken: der Druck, der bei der Ausführung des nächsten Angriffs plötzlich weggenommen wird) einen zweiten, außerhalb des Zentrums stattfindenden Angriff auslöst. Um dies besser zu verstehen, nimmst du dir einen Partner, der seinen Arm wie beim Schlag ausstreckt und in dieser Position innehält. Du übst nun – so wie es auch Pak Sau täte - in der Nähe des Ellenbogens Druck gegen diesen Schlag aus. Dabei solltest du deinem Ziel mit gerade ausgerichteten Schultern und Hüften gegenüber stehen. Lass deinen Partner dann einen weiteren Schlag gegen dich ausführen.

Wenn du merkst, dass der Schlag unterwegs ist, nimmst du den Druck von deinem Arm und korrigierst deine Beinarbeit leicht. Gleichzeitig führst du einen Handwechsel durch, um die Außenseite des nächstgelegenen Arms abzudecken. Am Ende solltest du deinem Partner mit der anderen Seite gegenüber stehen, wobei du deinen Körper ihm gegenüber um 90° verlagert hast. Wenn dir das bei entsprechendem Timing gelingt, bekommst du auch keinen auf die Nase!

Abb. 62 a + b

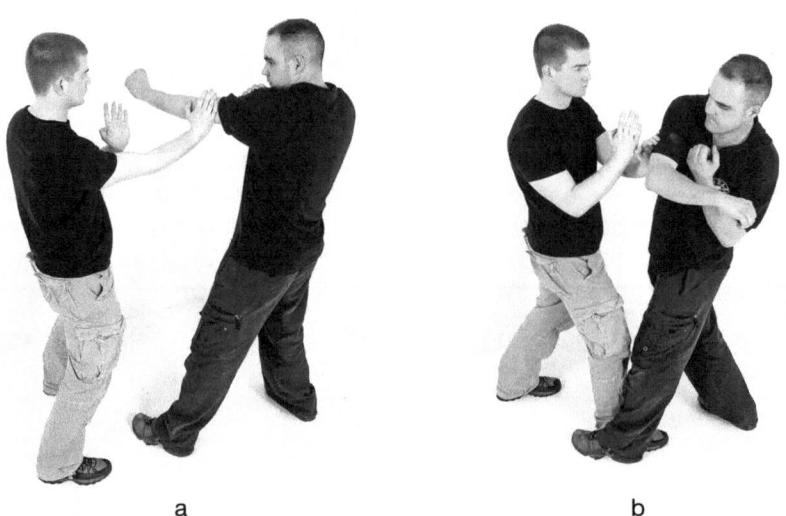

a   b

Das gleiche Prinzip kann man auch in Verbindung mit Huen Sau gegen eine nach vorn stoßende Deckung anwenden. Wird Jam Sau eingesetzt, um einen Fauststoß abzulenken, kann man schnell Huen Sau hinzunehmen, um den Angriff wegzuschlagen. Dadurch wird ein ihn vom Zentrum ablenkender Impuls im Körper des Gegners erzeugt, wodurch die zweite Angriffslinie ein wenig vom Ziel abweicht. Der leicht destabilisierende Effekt verschafft dir etwas mehr Zeit, um die richtige Position an der Flanke zu finden. Du musst den nächsten Angriff sofort mit Jam Sau beenden, um den Wing Chun-Abstand herzustellen.

Abb. 63 a, b + c

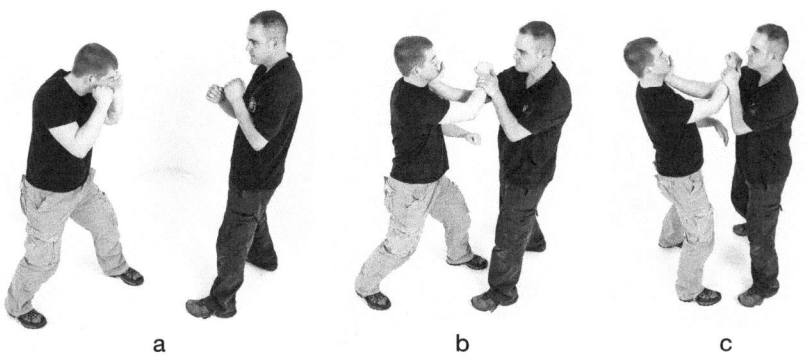

a   b   c

Eine weitere Methode, um mit einer Deckung oder zwei nach vorn gebrachten Händen fertig zu werden, ist der „Pfeil und Bogen" (d.h. eigentlich Cham Kiu Fook Sau und Lan Sau zusammen).

Abb. 64 a, b + c

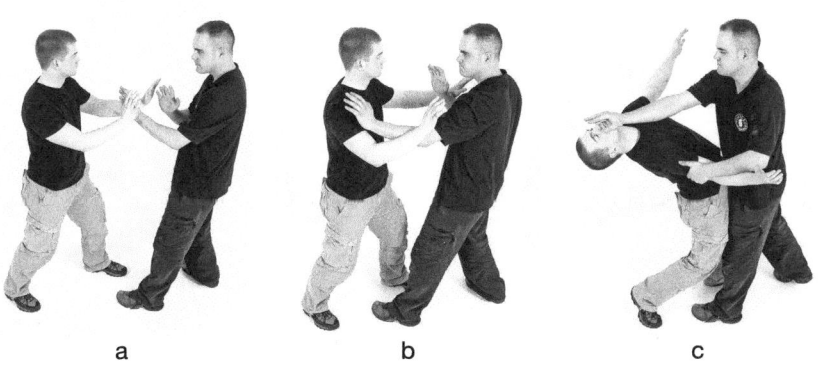

a   b   c

Variationen für den Pak Sau-Drill

Pak Sau-Drill 1: Pak Lap

Aus dem sich gegenseitig zugewandtem Stand heraus - jeder mit einem nach vorn gesetzten Fuß und gekreuzter Man Sau Haltung - greift einer der Beiden mit Pak Sau und einem Fauststoß an. Der Andere reagiert mit Pak Sau. Wenn der Schlag des ersten Angreifers mit Pak Sau abgefangen wird, wendet er den von unten her durchgreifenden Lap Sau an und setzt seinen Angriff fort. Packt er den hinteren Wu Sau mit Fak Sau, kann er auch hier auf Lap zurückgreifen. Bei der letzten Aktion ist Pak eigentlich vorzuziehen, weil sich die Hand, die zuvor Fak Sau war, wesentlich näher am Gesicht befindet. Also wird die Hand, mit der zu Beginn der von unten durchgreifende Lap Sau ausgeführt wurde, dazu verwendet, bei deinem Schlag Pak Sau gegen den Wu Sau deines Partners einzusetzen.

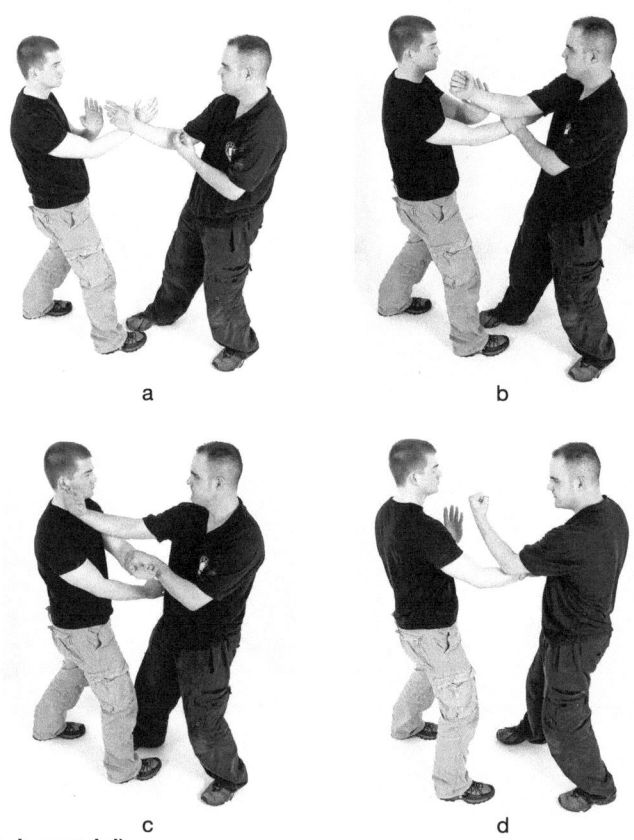

a

b

c

d

Abb. 65 a, b, c und d)

Pak Sau-Drill 2: Pak Fauststoß

Bei gleichem Beginn wie zuvor, setzt man den Angriff, wenn der Pak mit nachfolgendem Fauststoß von Pak Sau abgefangen wird, mit einem zweiten Fauststoß fort. Man wendet (mehr klatschend) erneut Pak Sau gegen den nächsten Angriff an, fesselt die Arme nach unten hin und schlägt gleichzeitig zu.

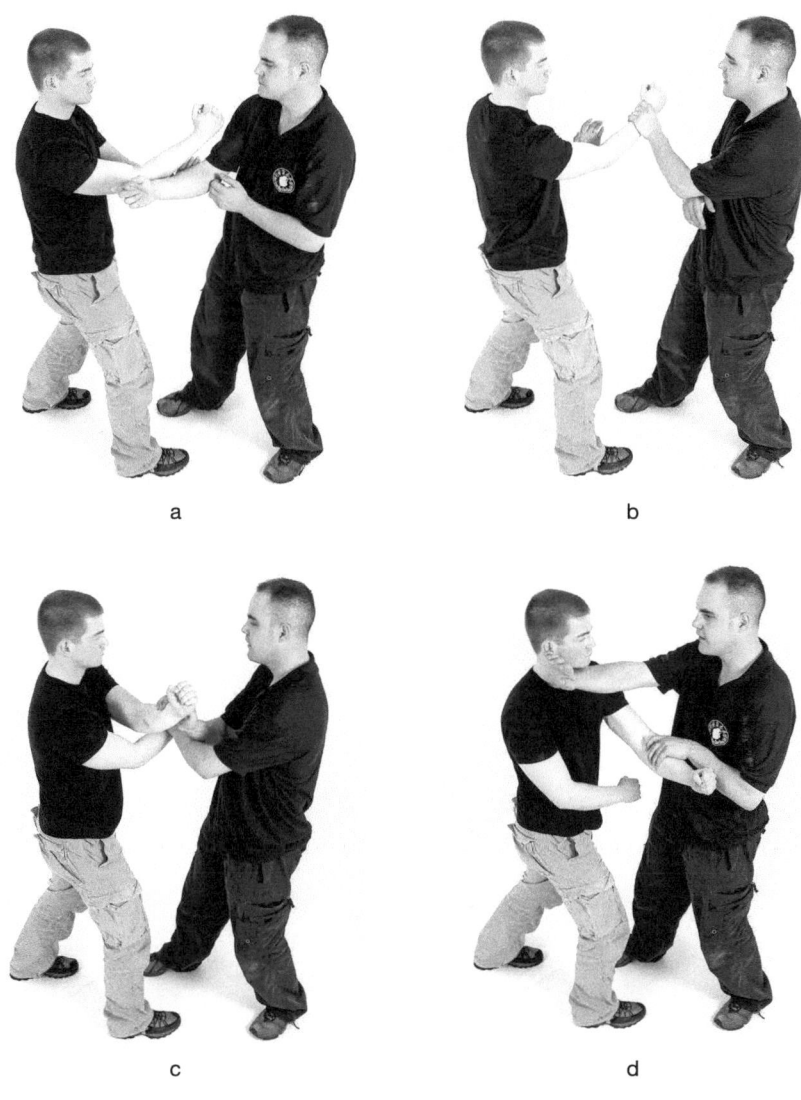

a

b

c

d

Abb. 66 a, b, c + d

Pak Sau-Drill 3

Bei gleichem Beginn wie zuvor, diesmal aber nachdem der erste Angriff mit Pak abgefangen wurde, lässt man die gleiche Hand vorn und fängt den nachfolgenden Schlag mit Cham Kiu Fook Sau ab. Nachfolgend führt man dann entweder einen Lap plus Schlag aus, um sich gegen den nächsten Angriff abzudecken oder man entscheidet sich für Pak mit einem weiteren Schlag. Pak eignet sich besser, da hier die am nächsten liegende Hand zum Schlagen eingesetzt wird.

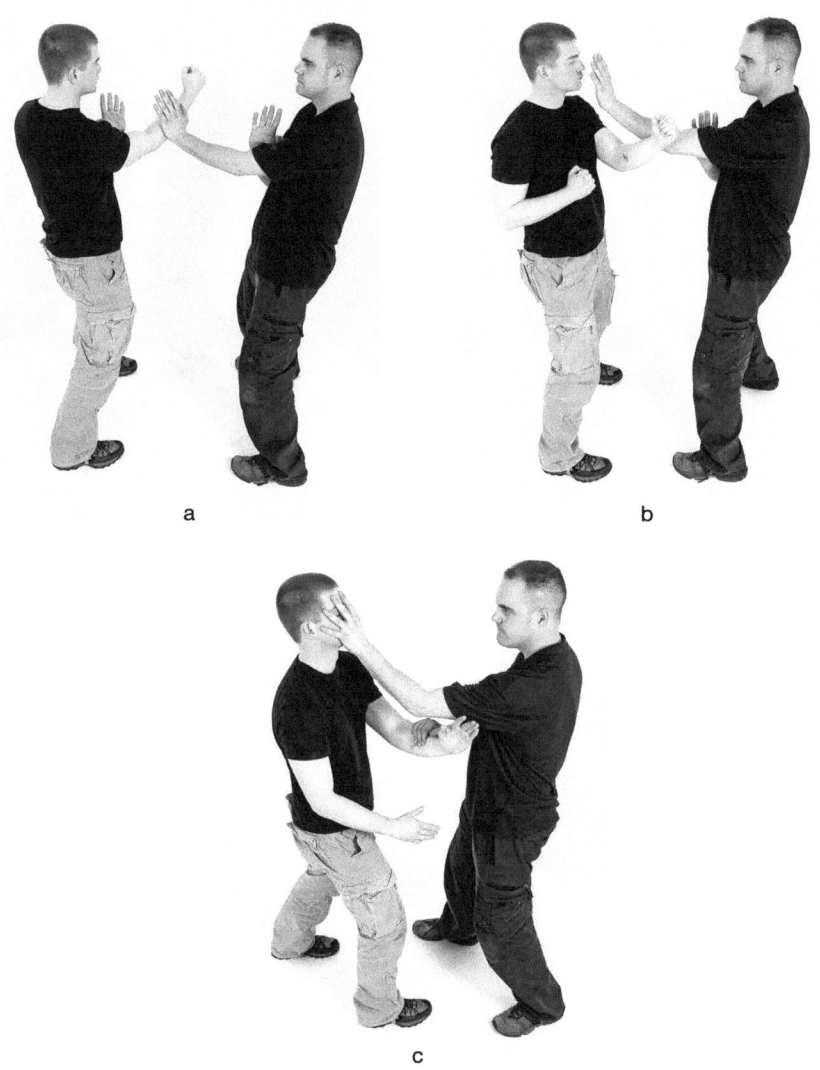

a

b

c

Abb. 67 a, b + c

92

Pak Sau-Drill 4

Nach dem Abfangen zu Beginn bleibt die Hand vorn. Lap und Faust-stoß werden gegen den nächsten Angriff eingesetzt. Zieh den Lap Sau mit nach unten verlaufendem Druck quer über den anderen Arm, um ihn zu immobilisieren und weitere Angriffe zu verhindern.

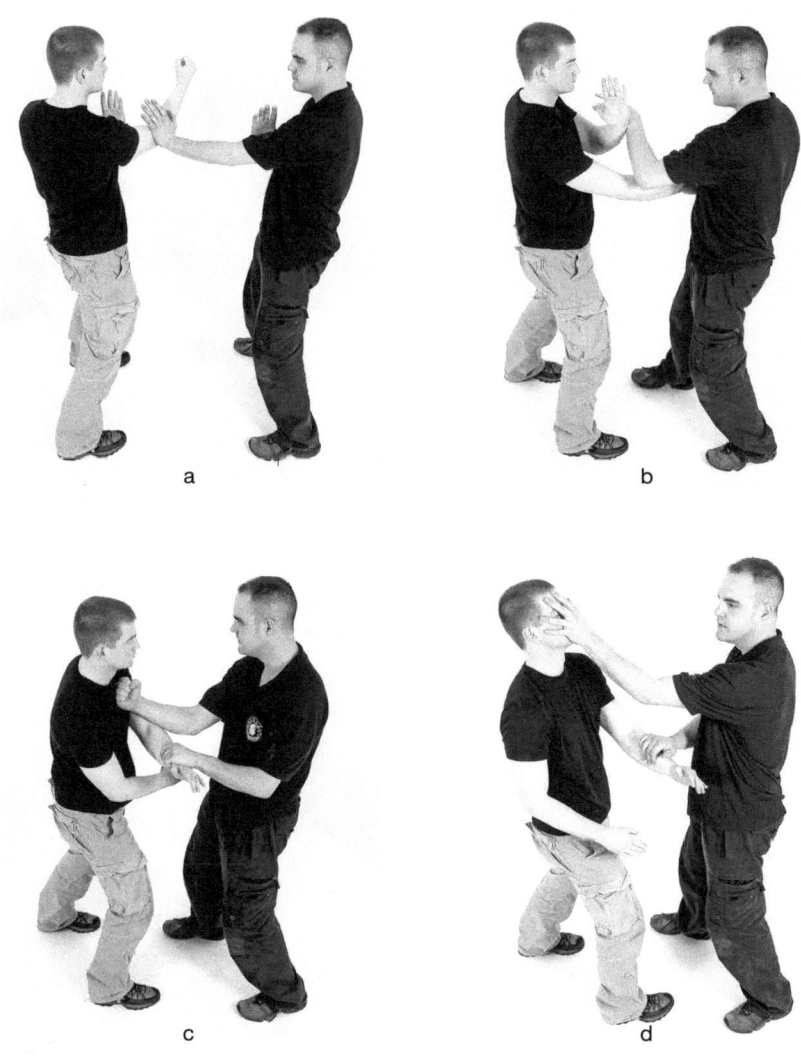

Abb. 68 a, b, c + d

Pak Sau-Drill 5

Bei gleichem Beginn wie zuvor, setzt du deinen Angriff an der Stelle mit einem zweiten Fauststoß fort, an der der Pak mit nachfolgendem Fauststoß mit Pak Sau abgefangen wird. Eventuell musst du den Tan Sau zurückziehen und mit der Hand, mit der du zuvor Pak Sau ausgeführt hast, zuschlagen. Das hilft dir dabei, die gegenüberliegende Körperhälfte besser zu nutzen und das Zentrum entschlossener zu verteidigen.

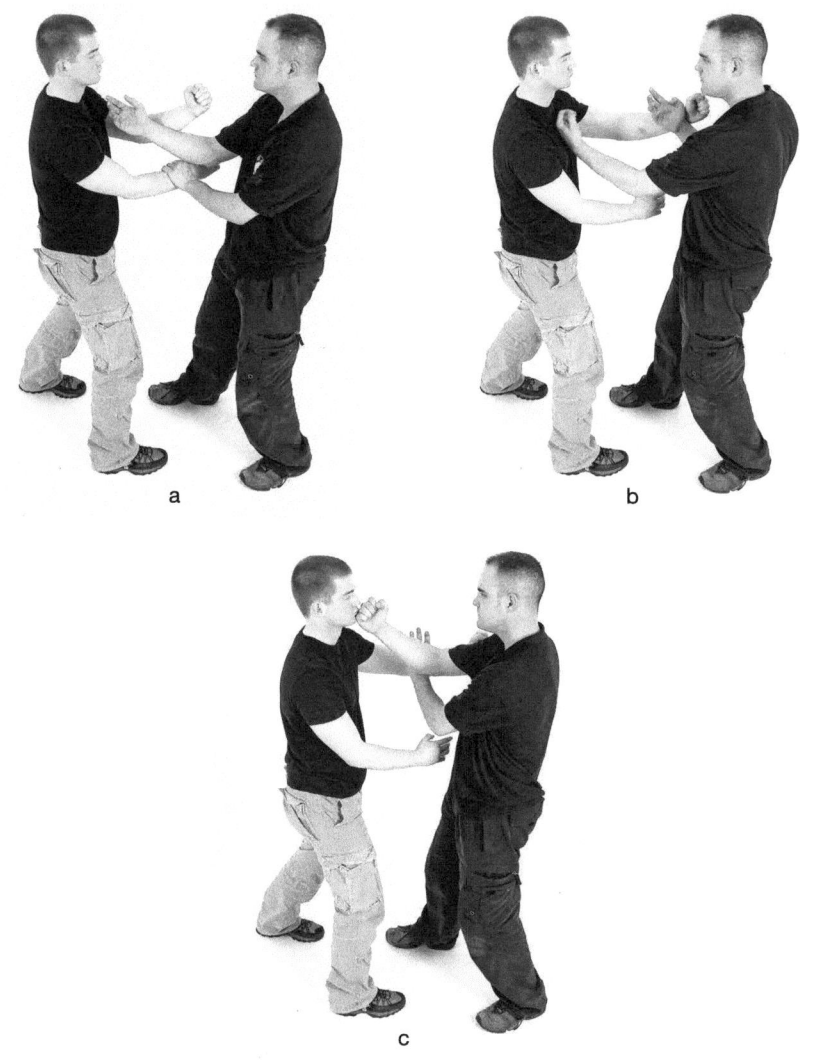

Abb. 69 a, b + c

Nachdem du die Lap Sau- und Pak Sau-Drills eine Weile geübt hast, solltest du in der Lage sein, sie langsam miteinander zu verknüpfen, mit dem Ziel, am Ende nach Belieben oder wenn es die Situation erfordert, übergangslos zwischen Chi Sau, Lap Sau und Pak Sau wechseln zu können. Das wird deine Fähigkeit, dich fließend bewegen zu können, nachhaltig unterstützen und dich hoffentlich davon abhalten, aus reiner Gewohnheit heraus mit Wu Sau oder Man Sau in die Offensive zu gehen, nur um feststellen zu müssen, dass diese vor dem Zentrum kräftig abgeblockt werden.

CHI SAU:
DAS WING CHUN-VERSUCHSLABOR

Chi Sau ist einer der Gründe, warum Wing Chun einfach anders ist. Keine andere Kampfkunst verfügt über eine Trainingsübung, die an das Tempo herankommt, mit dem man hier ein überaus hohes Lernniveau erreichen kann.

Tai Chi und einige andere Stile kennen einen Schiebende-Hände-Drill (ähnlich wie Dan Chi Sau bei Wing Chun). Diese Übung sieht nur den gleichzeitigen Einsatz einer Hand oder einer Seite vor und zeigt uns eine andere Technik. Die einzigartige Chi Sau-Übung lehrt uns, den Bewegungen unseres Gegners gefühlvoll gegenüber zu stehen und im Einklang mit dem zu reagieren, was tatsächlich passiert.

Wir wissen immer ziemlich genau, wo sich unsere Hände gerade am Körper befinden (es passiert recht selten, dass wir uns versehentlich selbst schlagen). Stehen unsere Arme in Kontakt mit denen des Gegners, wissen wir instinktiv, wo er sich befindet. Auf diese Weise fällt es uns leichter, ihn daran zu hindern, dass er uns trifft.

Unterarme, Hände und Finger reagieren äußerst sensibel auf Bewegungen. Man kann ihnen auf eine raffinierte Art beibringen, Kontrollfunktionen zu übernehmen. Wenn wir einen empfindlichen Gegenstand aufheben, wenden wir nicht die gleiche Kraft an, die erforderlich wäre, um z.B. einen Sack Kartoffeln hochzuheben. Wir packen nur so fest zu, wie es nötig ist. Entgleitet uns etwas, erhalten wir über unser Nervensystem automatisch die Information, dass wir fester zugreifen oder aber unsere Haltung ändern müssen. In großen Teilen arbeitet Chi Sau auf der selben Ebene des Unterbewusstseins.

Der Zweck von Drills wie z.B. Chi Sau besteht darin, ein Lernbindeglied zwischen den Formen und dem Kampf herzustellen. Es bringt uns schnell bei, wie man die zufälligen Techniken des freien Kampfs in einer sicheren Lernumgebung anwendet. Das Verletzungsrisiko ist gering, da Chi Sau ein Lernprozess und kein Kampf ist. Deshalb können wir Chi Sau auch als einen Test unserer Fähigkeiten unter „Laborbedingungen" im Gegensatz zur Erprobung wahrer Kampferfahrung nach den harten Gesetzen der Straße betrachten.

Die Lernforschung hat herausgefunden, dass Zufallstraining wesentlich effektiver ist, als das Üben festgelegter Bewegungsabläufe. Im Rahmen von Chi Sau lernt man Drills, und doch nutzt man es auch dazu, zu experimentieren und spontan zu handeln. Man weiß nie, was einen erwartet, und man muss lernen, Angriffe im voraus zu spüren, um sich richtig zu verteidigen. Darüber hinaus gibt es keine Anhalts-punkte dafür, dass die äußeren Umstände, unter denen man eine Technik erlernt, die selben sein müssen, unter denen man die Technik möglicherweise einsetzt. Das heißt, dass man beim Chi Sau-Training nicht kämpfen muss, um effektive Kampftechnik zu erlernen.

Während man Chi Sau übt, muss der Geist geschärft und von allen ablenkenden Gedanken frei sein. Die Notwendigkeit, uns konzen-trieren und auf eine Sache ausrichten zu müssen, macht den Kopf klar und hält uns davon ab, an andere Dinge zu denken. Oft gelangt man im Training an einen Punkt, an dem man keine Zeit mehr hat, überhaupt noch an irgendetwas zu denken. An dieser Stelle müssen wir auf die automatischen Funktionen unseres Körpers vertrauen, die das bewusste Denken ausschalten und uns auf sie verlassen. Spit-zensportler wussten schon immer, wie wichtig ein entspannter Körper und ein konzentrierter Geist sind (ein Zustand, den man oft auch als „perfekt eingestellt" bezeichnet).

Da es beim Chi Sau um das Training des Feingefühls geht, kann man auch mit einem Partner üben, dem die Augen verbunden werden. Das steigert die Sensibilität der Arme, auf die man sich einzig und allein verlassen muss. Übt man mit verbundenen oder geschlossenen Augen, muss man bedenken, dass der Trainingspartner mit der ein-geschränkten Sicht zwar fühlen kann, wo sich das Zentrum seines Gegenübers befindet, vielleicht aber nicht richtig weiß, wie weit er von ihm entfernt ist. Halt deinen Kopf aus diesem Grund zurück!

Unterschiedliche Trainingspartner empfinden auch ziemlich unter-schiedlich, selbst wenn sie vom selben Lehrer unterrichtet wurden. Der Grund hierfür liegt in den verschiedenen Arten des Körperbaus, den unterschiedlichen Persönlichkeitsstrukturen und den von einan-der abweichenden Interpretationen der Techniken. Deshalb ist es gut, mit möglichst vielen Partnern zu trainieren. Auf diese Weise sammelst du Erfahrung, wie man mit noch mehr Situationen umzugehen hat.

Es ist offensichtlich, dass Chi Sau eine besondere Konzentration sowie eine Menge Geschicklichkeit erfordert. Dies wird zu Beginn recht schwierig sein, weil du versuchen wirst, eine Situation zu inter-pretieren, die sich ständig verändert, und Aktionen auszuführen, mit denen du vielleicht noch nicht vertraut bist. Um den Lernenden an diesen Prozess heranzuführen, gibt es verschiedene vereinfachte Übungen, die man zunächst einmal trainieren kann.

Beherrscht er diese Techniken weitgehend, wendet sich der Lernende der Chi Sau-Rolle zu (Rollende-Hände-Übung). Hiermit erfolgt eine

Einführung in die Grundtechniken des Chi Sau; Bong, Tan und Fook Sau. Von dort aus lassen sich Handwechsel erlernen, und der Übende gelangt auf natürliche Weise zum vollständigen Chi Sau-Programm. Die Chi Sau-Rolle ist ein Bestandteil des kompletten Chi Sau-Trainings, aber es dient auch als neutrales Bindeglied zwischen den Techniken (Abb. 70 a + b).

a b

Abb. 70 a + b Die Chi Sau-Rolle

Die Chi Sau-Rolle

Eine der leichtesten Methoden, die Chi Sau-Rolle (auch unter dem Namen Poon Sau bekannt) zu erlernen, besteht darin, sie in zwei Hälften zu unterteilen. Beginn zunächst einmal damit, sie nur auf einer Seite oder mit nur einem Arm auszuführen. Wie üblich musst du deinem Partner dabei gerade gegenüber stehen. Achte darauf, dass du dich nicht zu weit nach vorn beugst und halt deine Schultern unten sowie hinten. Einer der beiden Trainingspartner befindet sich in der Fook Sau- Position, der andere in Tan Sau. Letzterer dreht nun seinen Arm in die Bong Sau-Stellung und dann wieder zurück (als Ergebnis des auf die Fook Sau-Aktion ausgeübten Drucks). Gleichzeitig setzt der Andere die Fook Sau-Aktion fort und hält dabei die elastische Kraft, die leichten Druck auf das Zentrum ausübt, aufrecht. Der Fook Sau ausführende Partner muss gegebenenfalls die Position seines Ellenbogens korrigieren, um zu verhindern, dass sein Unterarm vom Ziel verdrängt wird.

a   b

Abb. 71 a + b
Die Ausführung einer halben Chi Sau-Rolle vereinfacht den Lernprozess.

Es gibt insgesamt vier verschiedene Arten, mit denen man diesen Drill trainieren kann (Fook Sau und Tan / Bong Sau am rechten und linken Arm), die man alle mit der gleichen Intensität üben sollte. Auf jeden Fall ist es besser, mehr deine schwächere als deine starke Seite zu trainieren und grundsätzlich mit der schwächeren zu beginnen. Der Grund, warum bei den Formen immer auf der linken Seite begonnen wird, ist der, dass die meisten Menschen Rechtshänder sind. Bist du Linkshänder, solltest du rechts beginnen. Lernst du zuerst eine neue Aufgabe auf deiner schwächeren Seite, überträgt sich die Technik ohne weiteres Training auf deine stärkere Seite. Gleiches gilt jedoch nicht für den umgekehrten Fall. Du solltest also so viel wie möglich auf deiner schwachen Seite üben, denn in einem Kampf kannst du dir die Seite nie selbst aussuchen.

Hat man die Rolle trainiert und beherrscht man die Technik entsprechend auf allen vier Seiten der Rolle, kann man sich den Kombinationen widmen. In der Regel gibt es nur zwei Möglichkeiten die Aktionen bei der Ausführung der Chi Sau-Rolle miteinander zu kombinieren, denn normalerweise würde man nicht viel Zeit darauf verwenden, mit Bong und Tan Sau oder zwei Fook Saus mit beiden Armen zu rollen. Auch hier ist es das Beste, mit dem Training auf der schwächeren Seite zu beginnen und dort auch intensiver zu üben. Ist man Rechtshänder, bedeutet dies, dass man mit Tan und Bong Sau auf der linken und Fook Sau auf der rechten Seite beginnt.

Der Einfache-Hand-Drill im Rahmen der Chi Sau-Rolle

Dieser Drill kann auch als vorbereitende Übung – genauso wie die Einfachen Klebenden Hände – unabhängig von der Chi Sau-Rolle trainiert werden. Es handelt sich dabei wirklich um einen hervorragenden Drill, da er dir dabei hilft, zu verstehen, dass: a) du nicht immer mit Bong Sau und Lap Sau verteidigen musst, die zwei oder noch mehr Aktionen erforderlich machen; b) Tan Sau eine kleinere und stärkere Bewegung ist, die nur eine einzige Aktion erfordert, obwohl sie einem zunächst gar nicht wie die selbstverständlichste Art der Verteidigung vorkommt.

Beginn mit der Chi Sau-Rolle; denk daran auf beiden Seiten zu rollen. Sobald man den tiefsten Punkt der Rolle erreicht hat (in der Tan Sau-Position), schlägt man einen Handflächenstoß genauso wie bei Dan Chi Sau.

Der Partner reagiert auf diese Bedrohung mit Jam Sau, um den Angriff anzunehmen. Antworte mit einem geraden Fauststoß (Ellenbogen unten) zum Brustbereich des ursprünglichen Angreifers. Dieser Schlag löst eine Abwehrreaktion aus. Man neigt hier dazu, einen Bong Sau anzuwenden, aber wir üben an dieser Stelle eine andere Technik und wollen einen kurzen Tan Sau anwenden wie den aus der Siu Nim Tau Form, dritte Sektion, unmittelbar nach dem Jam Sau. Der Ellenbogen dreht sich nach innen sowie nach vorn und löst den Fauststoß auf.

a

b

Abb. 72 a + b

100

Die Rolle setzt sich nun fort und der Drill wird auf der entgegenge-
setzten Seite sowie von den gegenüberliegenden Händen wiederholt.
Während sämtlicher Drills darfst du deine Haltung nicht verkrampfen
und dich nicht nach vorn lehnen. Desweiteren musst du die Elastizität
dauerhaft beibehalten. Es ist natürlich auch möglich, mit der Chi Sau-
Rolle beschäftigt zu sein und dann ganz willkürlich den Handflächenstoß einzusetzen, um sicherzugehen, dass beide Partner in angemes-
sener Weise auf die Impulse reagieren und nicht wie Roboter agieren.

Abb. 73 a, b, + c

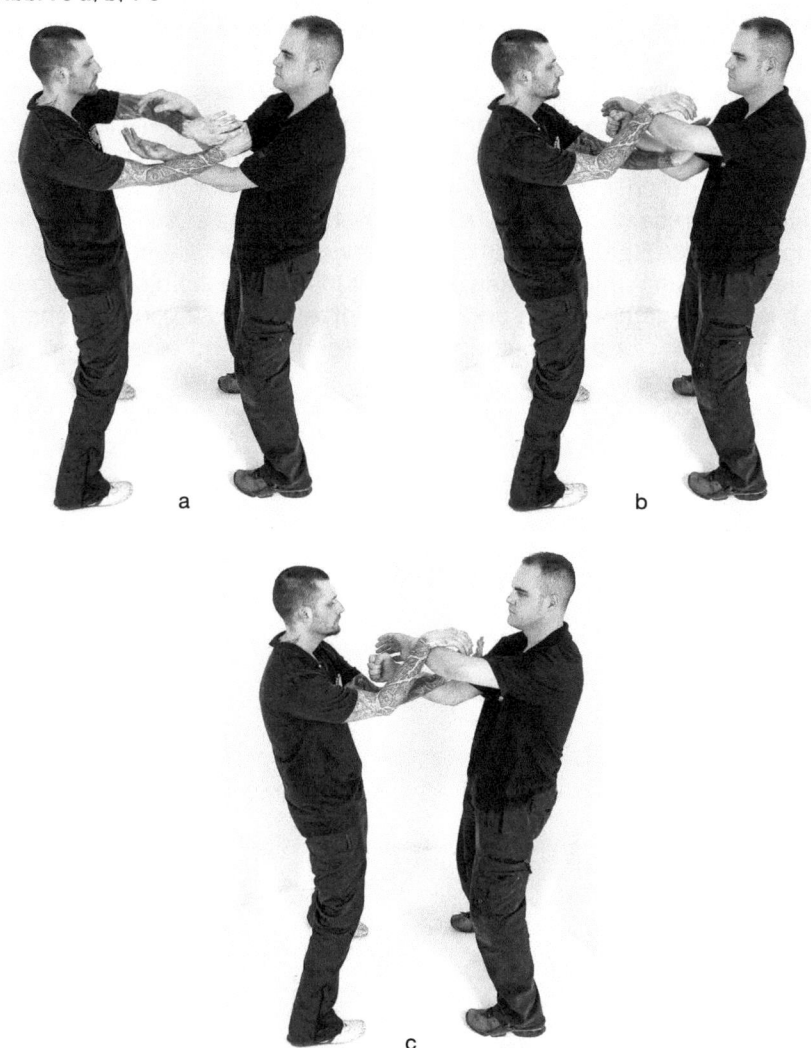

a

b

c

Das Hauptziel dieses Drills besteht darin, die Fähigkeit zu von einander völlig unabhängigen Handlungen (oder in diesem Fall „NICHT-Handlungen") auf beiden Seiten des Körpers zu entwickeln. So ist es hier äußerst wichtig, dass der Oberarm vollkommen ruhig, entspannt und in Bereitschaft nach vorn zu agieren verharrt, während die jeweilige Positionierung des Unterarms von den Handflächenstoß- bzw. Tan Sau-Aktionen beeinflusst wird. Auf diese Weise entwickeln wir die Fähigkeit, bei vorhandenem Kontakt zu jeder Zeit gleichzeitig angreifen und verteidigen zu können.

Solltest du feststellen, dass die Armarbeit deines Partners während des Bewegungszyklus – und wenn auch nur geringfügig – durcheinander gerät, startest du einen Angriff, um ihn noch stärker zu stören. Zumindest solltest du ihn wissen lassen, dass du dies versuchst, denn häufig merkt er noch nicht einmal, was ihm da gerade widerfährt. Eine vorhersehbare Reaktion auf diesen Drill ist ein einem Stich ähnliches Gefühl (wie man es beim Laufen vielleicht manchmal im Unterleib spürt), das in der Schulter auftritt. Dabei handelt es sich nur um einen Fingerzeig der Natur, der uns darauf hinweist, dass wir eine ganz normale Bewegung unterdrücken, und die Muskeln deshalb dazu neigen, sich leicht zu verkrampfen und zu schmerzen. Dies ist vorübergehend und lässt sich durch Ausschütteln der Schultern und einem Wechsel der Seiten leicht abstellen.

Handwechsel und Lat Sau im Rahmen von Chi Sau

Hat ein Schüler die Chi Sau-Rolle erst einmal verinnerlicht, um auf diese Weise eine Feinabstimmung in den Techniken zu entwickeln, besteht der nächste Schritt auf dem Weg zu Chi Sau darin, zu lernen, wie man auf Druck reagieren muss, der in verschiedene Richtungen ausgeübt wird.

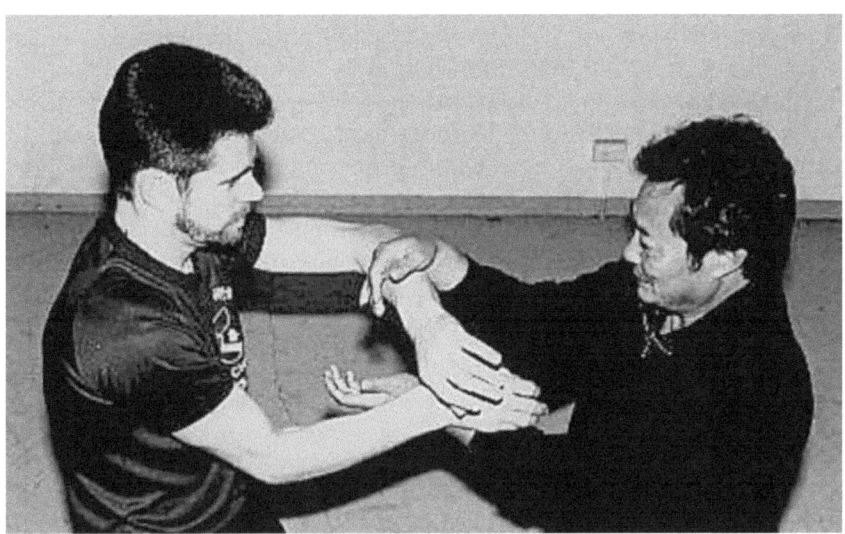

Abb. 74 Wong Shun Leung übt die Chi Sau-Rolle mit David Peterson.

Beachten wir, dass eine Hand, die vom Zentrum weggestoßen wurde, so geschmeidig und so schnell wie möglich wieder dorthin zurückkehren muss, können wir lernen, die Positionen unserer Hände als Ergebnis eines ganz leichten, vom Zentrum abweichenden Impulses rasch zu verändern.

Das Zurückrollen zum Zentrum kann man zunächst unabhängig von den Rollenden Armen oder Chi Sau als Individualhandtechnik erlernen, doch sollte man es integrieren, sobald der Lernende mit den Rollenden Armen vertraut ist. Die Handwechsel bringen einen Arm von der Innen- zur Außenseite und umgekehrt.

Wenn die Hände gewechselt werden und zum Zentrum zurückkehren, müssen sie sich diesem vorsichtig nähern. In den frühen Phasen muss der Schüler lernen, auf jeden Impuls, der die Hand nach außen oder nach unten vom Zentrum wegdrückt, so zu reagieren, dass die Hand wieder zurück rollt und erneut anzugreifen versucht. Beherrscht er diese Fertigkeit, muss er anschließend lernen, den Partner zu Wechseln zu veranlassen, indem er absichtlich leicht vom Zentrum weg drückt und dann an der Hand des Partners „kleben" bleibt, wenn sie zurückkehrt, um so zu verhindern, dass er selbst getroffen wird.

An dieser Stelle ist es auch sinnvoll das „Hand frei – Schlag zum Zentrum"-Konzept zu integrieren (Lat Sau Jik Chung – die federnde Kraft, die es uns möglich macht, sofort in jede Lücke der gegnerischen Verteidigung zu stoßen). Diese wichtige Fähigkeit kann man sich am Leichtesten aneignen, indem der Chi Sau-Partner während des Trainings eine Hand schnell und unangekündigt wegnimmt. Sobald deine Hand frei ist, sollte sie ohne Vorbereitung oder Zögern zum Zentrum vorstoßen. Auch hier ist es wie immer absolut wichtig, dass jede Vorwärtsbewegung der Arme locker, elastisch und nicht erzwungen ist, d.h., gerade bleibend und ohne sich nach vorn zu lehnen. Man kann sich dessen recht leicht vergewissern, indem man einige, jedoch nicht alle gegen das Zentrum gerichteten Schläge unterbricht oder abblockt.

Die Verteidigung bei Chi Sau steht und fällt mit den Gegenangriffen, wobei man eine überlegene Position aufrechterhalten und die Linie der zentralen Achse kontrollieren muss. Es ist wichtig, den Impuls des Gegners zurückzuleiten und keine übermäßige Kraft zu investieren, um ihn unter Kontrolle zu bringen. Wird Kraft aufgewandt, spürt ein erfahrener Gegner, wie die Blockade aufgebaut wird, macht sich die Energie zunutze und retourniert den Schlag aus einem anderen Winkel heraus.

Manchmal ist es ganz nützlich, Chi Sau zu verlangsamen und die Einzelbewegungen in der Zeitlupe zu betrachten, wobei der Eine angreift und der Andere verteidigt. Ist ein Angriff erfolgreich, oder ist es schwierig, sich gegen ihn zu verteidigen, kann man die Szene zurückspulen und verschiedene Konter ausprobieren, bis man einen geeigneten gefunden hat. Den besten kann man dann immer schneller ausführen und solange einstudieren, bis er einem in Fleisch und Blut übergeht. Dies ist eine gute Methode, um ein Verständnis dafür zu entwickeln, wie einfache Beinarbeit und Handtechniken auf vielfältige Weise funktionieren können. Wenn du immer mit „Höchstgeschwindigkeit" trainierst, erkennst du niemals alle Möglichkeiten, die dir zur Verfügung stehen und benutzt stattdessen oft Kraft und Tempo, um elementare Fehler zu vertuschen, die du bereits am Anfang hättest vermeiden können. Dein Können wächst durch eine geduldige, kritische Analyse.

Abb. 75 Wong Shun Leung beim Chi Sau-Training mit David Peterson.

Übermäßiger Krafteinsatz und verkrampfte Handarbeit führen beim Chi Sau zu schweren Armen und überambitionierten Angriffen. Mit diesen wird man leicht fertig, weil die dahinter stehende Absicht mehr als deutlich ist. Hieraus ergibt sich eine klare Auswahl an Gegenangriffen. Außerdem helfen dir die angespannten Arme deines Gegners dabei, die Kontrolle über seinen Körper zu gewinnen. Ziehst oder schiebst du seinen Arm, bewegt sich auch sein Körper auf eine für dich nutzbare Weise. Bei Chi Sau ist jede Gewohnheit, jede Marotte und jedes vorhersehbare Verhalten eine Schwäche, aus der man Kapital schlagen kann.

Chi Sau-Rolle mit Übergang
zu einem von unten greifenden Lap Sau (Untergriff)

Oft passiert es, dass sich derjenige, der dich im Rahmen von Chi Sau in einen Lap Sau-Drill einzubinden versucht, selbst der Gefahr aussetzt (abseits deines Tan Sau-Arms) getroffen zu werden, sobald er den Versuch unternimmt, deine Fook Sau-Hand zu packen. Deine Fook Sau-Hand kann dabei oben rauskommen und deine schlagende Hand darunter. Das funktioniert aus zwei Gründen: erstens, weil du Lat Sau Jik Chung anwendest und deshalb in die Lücke vorstoßen kannst und zweitens, weil dein Partner seinen Ellenbogen angehoben hat, um deine Hand zu ergreifen. Du kannst dies direkt aus der Rolle heraus trainieren. Es ist ebenfalls ein guter Drill, Lat Sau unter dem Druck eines Angriffs zu trainieren. An dieser Stelle kann man auch gut den von unten zugreifenden Lap (eigentlich die Anwendung des Cham Kiu Fook Sau von unten her) einführen und üben.

Abb. 76

Eine gute Methode für das Training dieses Untergriffs sieht vor, mit der Chi Sau-Rolle zu beginnen. Nachdem man die Arme des Partners leicht gekreuzt hat, indem man die Rolle etwas weiter als normal weg prellt, fädelt man seine Fook Sau-Hand unter dem eigenen Bong- und über dem gegnerischen Fook-Arm ein (zieh deinen Bong-Arm gleichzeitig blitzschnell zurück). Dein Untergriff muss durch den Ellenbogen deines Partners hindurch in Richtung seiner gegenüber-liegenden Schulter verlaufen. Dadurch kontrollierst du seinen Körper auf hervorragende Weise (Abb. 77). Bei der Ausführung dieser Aktion folgt deine Beinarbeit deiner vorderen Hand diagonal über den Stand verlaufend. Die zurückgezogene Hand geht nun nach vorn, um das Zentrum anzugreifen.

Abb. 77

Um dich gegen diesen Angriff zu verteidigen, musst du Lan Sau (Abb. 78) wie in der ersten Sektion der Cham Kiu-Form anwenden. Dieser Lan Sau eignet sich hervorragend, um einen von der Außenseite zur Mitte hin auf deine Arme wirkenden Druck aufzulösen und dabei selbst eine starke Position des Ellenbogens aufzubauen. Bei der Anwendung des Lan Sau musst du dem sich bewegenden Ziel, d.h. dem Zentrum deines Partners folgen. Du kannst auch Kwan Sau anwenden, um den Untergriff aufzulösen.

Abb. 78

In Lap/Pak übergehende Chi Sau-Rolle und Fauststoß, um hineinzukommen

Aus der Chi Sau-Rolle heraus kreuzt du die Arme deines Partners und nimmst sie in Lap Sau. Setzt dieser Wu Sau zur Verteidigung gegen deinen Angriff an, ergreifst du die hintere Wu Sau-Hand und wendest noch einmal Lap an, um hineinzukommen. Benutz Kwan Sau, um diesen Angriff aufzulösen. Alternativ kann man bei diesem Drill Pak Sau anstelle von Lap Sau einsetzen, nachdem man zu Beginn die Arme des Partners gekreuzt hat. Dies ist eigentlich auch effizienter, da dann die Hand, die dem Ziel am nächsten ist, zuerst zuschlägt.

a b c

d e

Abb. 79 a, b, c, d + e

Aufladen der Ellenbogenkraft

Beginn die Chi Sau-Rolle mit beiden Händen auf der Innen- oder Außenseite. Derjenige, der die außen liegenden Fook Saus anwendet drückt nach innen, um dem auf der Innenseite stehenden Partner eine Übung anzubieten, die dessen Widerstand schult. Dieses Vorgehen dient auch dazu, die richtige Aktion des Bong Saus bzw. Tan Saus auszulösen. Nach einigen Rollen ergreift derjenige, der den Druck über die Fook Saus erzeugt, den Tan Sau des Anderen und reißt kräftig daran, um ihn heran zu ziehen. Die inwärts gewandte Rolle wird nun zu Kwan Sau. Im Fachjargon bezeichnet man dies als „gesammelte, elastische Energie". Stell sicher, dass du für das Training dieses Drills genügend Platz hast!

Abb. 80

Tui Ma-Rückzugdrills im Rahmen von Chi Sau

Aus Chi Sau heraus und unter Anwendung des einleitenden Schritts, den du von den Einfachen Klebenden Händen kennst, gehst du auf deinen Partner los und übst unter Anwendung von Tan und Fook Sau Druck nach vorn aus. Lehn dich nicht nach vorn, um zu drücken, sondern nutz den festen Stand und den Druck deiner Beine. Tan Sau sollte in Richtung des Schulterbereichs Druck ausüben und Fook Sau sollte den auf den Unterarm ausgeübten Druck ausgleichen und sicherstellen, dass er zentral verteilt ist.

Wenn du den Druck annimmst, lässt du deinen Stand unter Ausführung von Tui Ma zurückschieben. Bewahr dabei eine stabile Haltung und halt mit Bong und Jam Sau den Druck auf das Zentrum aufrecht. Der Initiator der Aktion wiederholt daraufhin den Vorstoß mit Tan Sau und Fook Sau. Zieh dich mit Hilfe des Schlurfschritts noch ein wenig weiter in den Winkel zurück und wende dann Pak und Fak Sau an, um mit einem Angriff zu kontern.

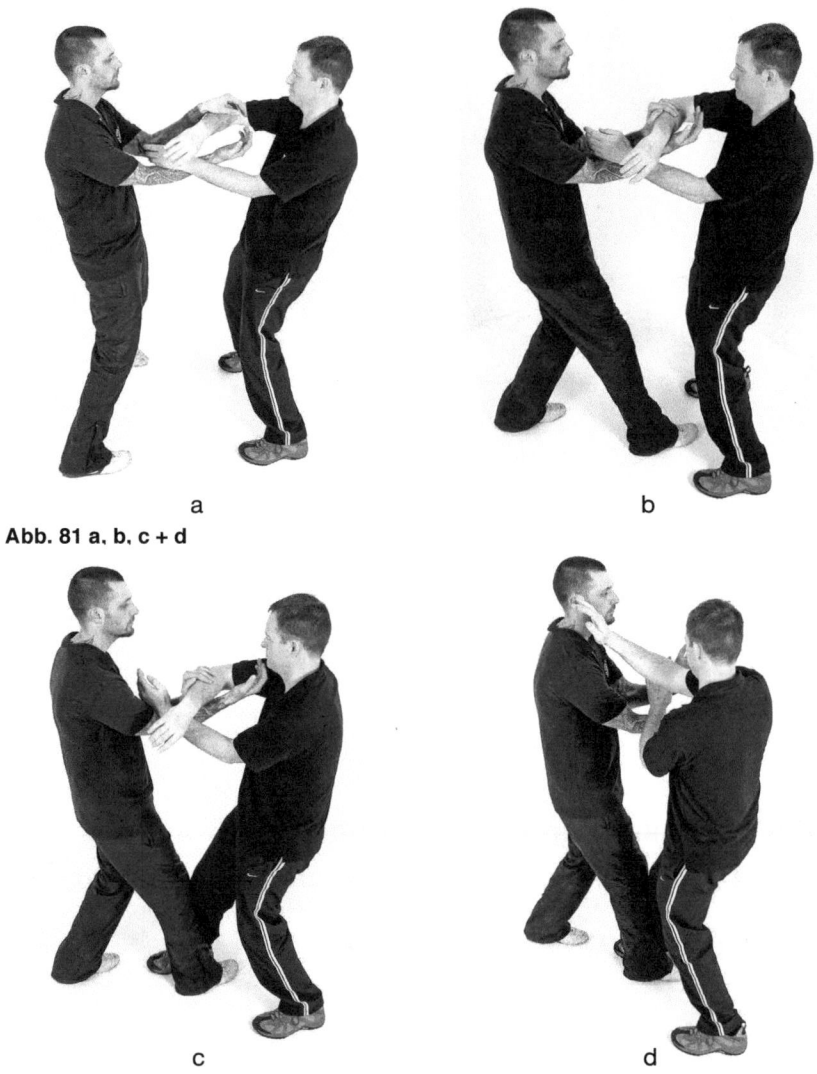

a

b

Abb. 81 a, b, c + d

c

d

Alternativ kannst du dich auch für einen von unten her greifenden Lap in Verbindung mit einem langen Schritt zur gegenüberliegenden Seite entscheiden. Dies ist möglich, weil dein Bong Sau Druck ausübt, das Zentrum kontrolliert und auf diese Weise weitere Angriffe verhindert.

Abb. 82 a + b

a   b

Zu diesem Drill gibt es mehrere Varianten, die du in deinem Training integrieren kannst. Unter Anwendung der Eröffnung des zuvor beschriebenen Drills ziehst du dich mit Hilfe eines Tui Ma zurück, wendest aber Lan Sau und Jam Sau an, um den gegen dich gerichteten Angriff abseits der Linie zu kontrollieren. Wende nun Pak Sau und einen Schlag an, um wieder zur Eröffnungsposition zurückzukehren. Dieser Drill kann fortgeführt werden, indem man einen doppelten Huen Sau folgen lässt und erneut Druck auf das Zentrum ausübt, nachdem man den Angriff neu geordnet hat. Versuch auch, beim Vorwärtsgehen einen Schlurfschritt einzubauen, um Schwung und Druck beizubehalten (und das Gleiche beim Rückwärtsgehen, um die Position zu halten).

Jat Sau aus Chi Sau heraus

Drück den Bong mit der Fook Sau-Hand in Richtung der zentralen Achse (diese Aktion heißt Jat Sau) und führ gleichzeitig einen Schlag aus. Setz Paa Bong Sau Bong Sau oder Kwan Sau als Deckung gegen den Angriff ein. Versuch nun, einen den Angriff des Gegners unterbindenden Pak Sau (über den gegen dich gerichteten Schlag hinweg) zum Zentrum einzusetzen, dem du einen großen Schritt folgen lässt, um den Gegner zum nächsten Schlag einzuladen und zum nächsten Schlag überzugehen. Wahlweise kannst du dem Pak Sau auch einen Man Sau zur gegenüberliegenden Schulter folgen lassen, wobei du den vorderen Arm deines Gegners in Höhe seines Ellenbogens mit deinem eigenen Ellenbogen kontrollierst.

Abb. 83 a, b, c + d

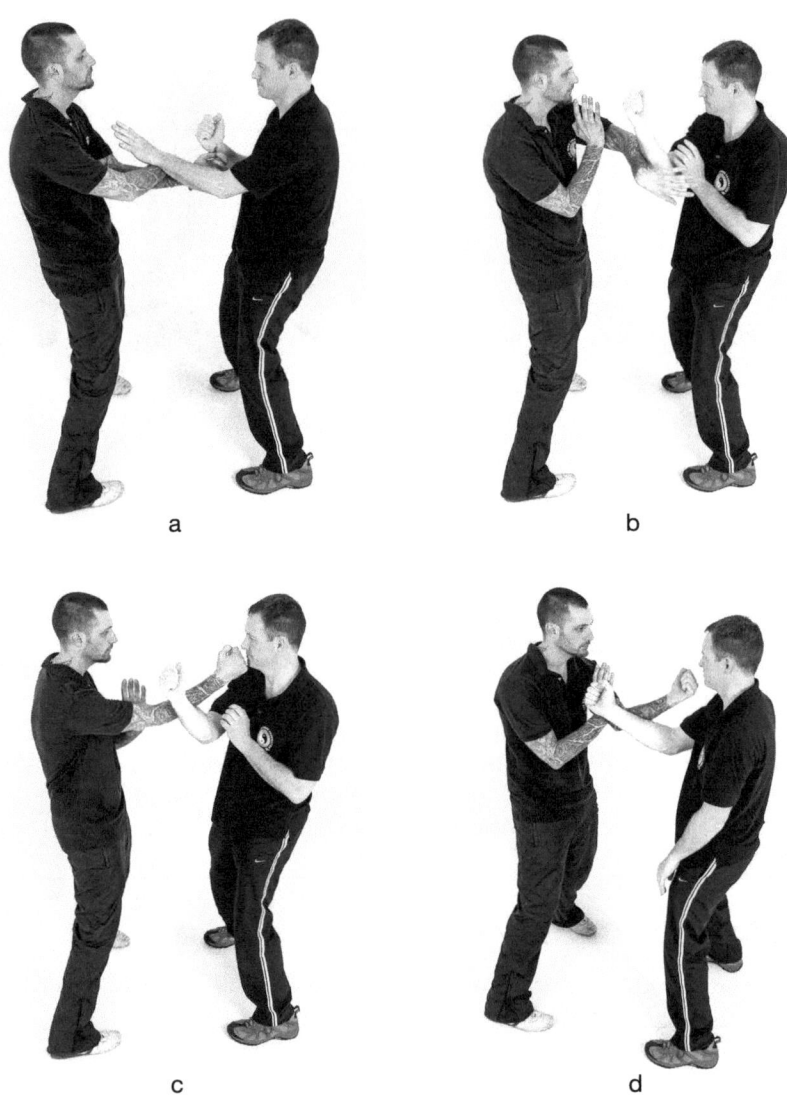

a   b

c   d

Damit die Chi Sau-Konzepte und -Drills auch einen Zweck erfüllen, müssen wir stets Szenarien trainieren und nach einer möglichen Verwendung außerhalb des Drills Ausschau halten. Dies wird zu einem späteren Zeitpunkt in den Kapiteln „Kampfpraxis" und „Abwehrhaltung und realitätsnahe Drills" vertieft.

Abb. 84 a und b

a   b

CHI GEUK-DRILLS

Normalerweise übt man Chi Geuk (Klebende-Beine-Übung) unabhängig von Chi Sau. Obwohl es auch möglich ist, beides gleichzeitig zu trainieren, ist der für die Beinarbeit angemessene Abstand etwas näher - eher schon wie die Entfernung beim Greifen - und erweist sich als nützlicher, wenn eine normale Haltung nicht mehr aufrecht erhalten werden kann. Das Chi Geuk-Training ist besonders dann praktisch, wenn du einen Gegner unter Kontrolle oder aber zu Boden bringen willst, ohne ihn jedoch zu schlagen.

Chi Geuk ist eine gute Methode, um eine Beinarbeit zu entwickeln, die genauso robust und reaktionsschnell ist wie es auch die Hände und Arme sein sollten. Beginn, indem du deinem Partner in einem Vorwärtsstand gegenüberstehst. Bei beiden Gegnern befindet sich das rechte Bein vorn. Zwischen beiden Beinen besteht ein von den Knien bis zu den Füßen verlaufender Kontakt. Halte dich an den Schultern deines Gegenübers fest. Dies dient beiden hauptsächlich als Hilfestellung, falls jemand das Gleichgewicht verlieren sollte und hilft, den Beinen einen festen Stand zu verschaffen und die gerade Ausrichtung aufrecht zu erhalten.

Abb. 85 Chi Geuk-Training

Der Beginnende versucht nun, mit seinem eigenen vorderen Bein einen Feger gegen das vordere Bein seines Partners auszuführen. Wenn der Feger ausgeführt wird, lässt du den unteren Teil des Beins um das Kniegelenk kreisen vergleichbar mit der üblichen Bewegung des Ellenbogens beim Wing Chun.

Bring dein Bein unter und um das Bein des Beginnenden herum und kontrollier sein Knie mit deinem eigenen. Übe Druck aus und geh unter sowie durch seinen Stand hindurch nach vorn. Das Resultat dieser Aktion sollte so aussehen, dass dein Oberschenkel beim Nach-vorne-Gehen das vordere Bein des Anderen zur Seite und quer über dessen hinteres Bein schiebt und auf diese Weise seinen Stand zusammenbrechen lässt.

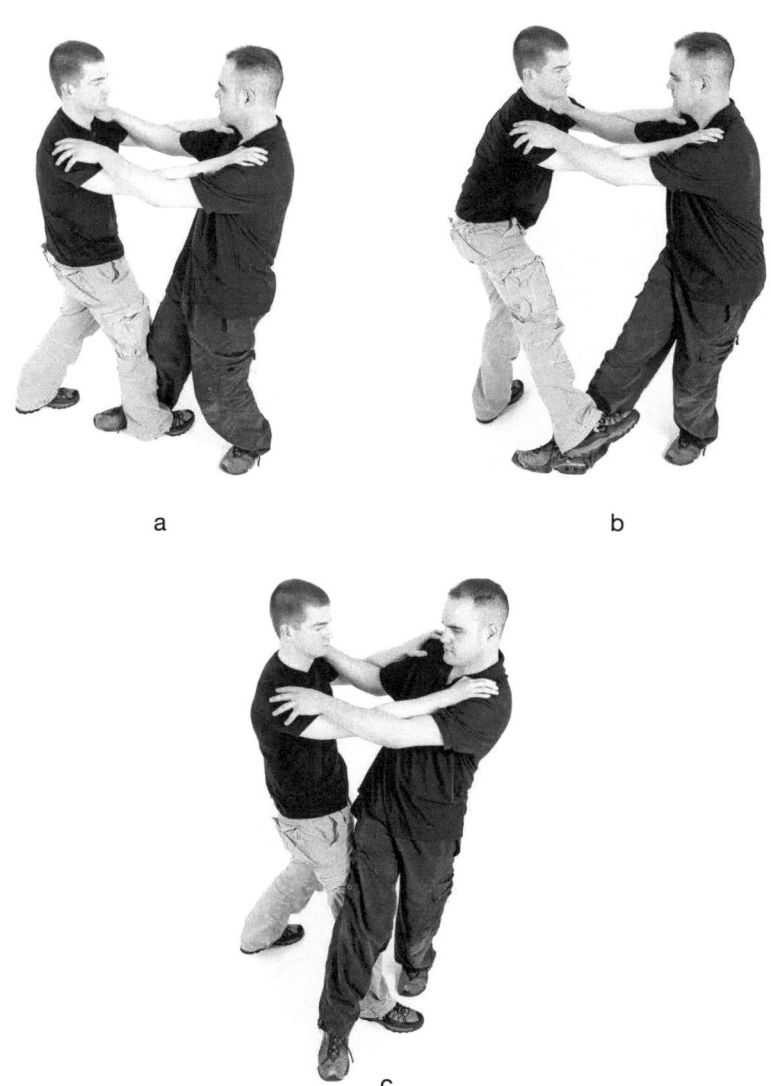

a

b

c

Abb. 86 a, b + c

Alternative Möglichkeiten zu dieser Reaktion wären ein seitlicher Tritt gegen das Knie des hinteren Beins, nachdem der Feger gegen dich ausgeführt wurde oder die Verwendung eines nach vorn gerichteten Tritts in der selben Situation. Genau genommen ist der Seittritt sowohl schneller als auch direkter. Trotzdem ist es auch bei einem nach vorn gerichteten Tritt möglich, das Knie in der gleichen Weise zur Kontrolle einzusetzen, wie du es bei deiner Reaktion auch mit dem Ellenbogen tun würdest. Pass während dieses Drills gut auf die Knie deines Partners auf, da sie sehr empfindlich sind und leicht Schaden nehmen können, wenn der Aufprall von der Seite her kommt (was in der Realität natürlich der Idealfall ist).

a

b

c

Abb. 87 a,b + c)

Nun kannst du üben, dich aus dieser Situation heraus zu befreien, nachdem du versucht hast, deinen Partner mit einem Feger zu attackieren. Beginn aus der selben Position heraus und greif mit einem mit dem vorderen Bein ausgeführten Feger an. Wenn sich dein Gegenüber mit einer der zuvor erwähnten Techniken dagegen zur Wehr zu setzen versucht, setzt du deinen Fuß mit Hilfe des Kreisschritts (Huen Bo) aus der Biu Ji-Form abrupt zurück, während du gleichzeitig deinen Stand sowie deinen Körper drehst, um dich deinem Partner zuzuwenden. Das sollte dazu führen, dass du ihn zu Boden wirfst. Das Ganze wird dadurch unterstützt, dass du ihn an den Schultern festhältst.

a   b

Abb. 88 a+b

SCHLAGKRAFTTRAINING

Es ist wichtig, das Schlagen mit Kraft zu trainieren. Das erreicht man, indem man am Sandsack oder mit schweren Pratzen arbeitet. Handflächen- oder Fauststöße gegen einen mit Sand oder Bohnen gefüllten Wandsack helfen dir dabei, eine durchdringende Schlagkraft zu entwickeln. Außerdem ist dies ein gutes Training für die Handgelenke, die Haltung der Ellenbogen, den Kraftaufbau, den Einsatz deines Stands sowie die Bewegungskoordination deines gesamten Körpers.

Pratzentraining ist ausgesprochen nützlich, weil du es aus einer festen Stellung, aus einer Wendung oder Drehung heraus, beim Nachvorne-Gehen, bei der Verfolgung des Gegners oder aber beim Rückzug praktizieren kannst. Es ist eine Kunst für sich, dem Partner beim Pratzentraining gute Positionen anzubieten, die er für seine Schläge nutzen kann. Du kannst auch trainieren, aus einer schlechten oder eingeschränkten Position heraus zu schlagen, wobei man lernt, wie man einen Angriff ausführt, sobald man sich aus der Situation befreit hat. Hierfür gibt es viele Beispiele innerhalb der verschiedenen Formen. Nach einem sich bewegenden Ziel zu schlagen, ist ein hervorragendes Training für die Bein- und Stellungsarbeit sowie für Cham Kiu vorausgehende Techniken.

Übe, Sand- und Wandsäcke mit unterschiedlichen Schlägen aus nicht alltäglichen Winkeln und aus kürzestem Abstand heraus zu treffen. Das zeigt dir auch, wie man hart schlägt, ohne dabei das Gewicht des Körpers allzu sehr einzusetzen. Ein schwerer Sack ist außerdem ein gutes Hilfsmittel, um das Zusammenwirken von Händen, Taille und Stand zugunsten einer guten Schlagkraft miteinander zu verknüpfen. Zwischen Boden und Decke gespannte Trainingsbälle eignen sich ausgezeichnet zur Schulung der Koordination zwischen Hand und Auge. Dies funktioniert besonders gut, wenn man einen Tennisball in eine Strumpfhose wickelt. Wickel den Ball dazu im Schritt ein und befestige ein Fußende an der Decke und das andere am Boden.

Die Holzpuppe ist ein hervorragendes Trainingsinstrument, um richtiges Schlagen und Treten zu üben. Tritte sollten vom Boden aus nach oben geführt werden, wobei zusätzlicher Druck vom hinteren Bein ausgehen sollte. Auf diese Weise wird jeder von den Stangen der Holzpuppe ausgehende Rückstoß in deinen Stand und weiter zum Boden zurückgeleitet. Wird dein Körper nach einem Schlag oder Tritt zurückgeschleudert, hast du etwas falsch gemacht. Führ den Tritt in jedem Fall mit der Ferse aus, um Knöchel- und Bänderverletzungen des Fußes zu vermeiden. Diese Trainingshinweise kannst du auch aus der Bewegung heraus an einem großen, in der Hand gehaltenen Trittkissen üben.

KRAFT UND KONDITION

Kraft und Kondition sind trotz ihrer Schlüsselfunktionen in allen anderen sportlichen Disziplinen beim Wing Chun häufig vernachlässigte Aspekte. Wing Chun befasst sich mit dem Training für das Aufeinandertreffen mit (im schlimmsten Fall) mehrfach bewaffneten Gegnern. Es sollte klar sein, dass man zum Überleben sowohl mental als auch körperlich auf die Härte eines solchen Kampfes eingestellt sein muss. Deshalb sind ausreichende Kraft und Kondition kein „Kann" sondern ein absolutes „Muss".

Richtiges Kraft- und Konditionierungstraining beim Wing Chun heißt nicht bloß Gewichte zu stemmen, aufs Ganze zu gehen, sich auszupowern oder einen 10-Kilometer-Lauf hinter zu sich bringen. Es muss auf das Ziel zugeschnitten, also über eine Dauer von höchstens einigen Zehn-Sekunden so schnell und kraftvoll wie nur möglich sein. Dieser Aspekt sollte auch im Training seinen Niederschlag finden, wobei entsprechender Wert auf die Entwicklung von Antrittskraft, Schnellkraft, anaerobem Leistungsvermögen, Schnelligkeit und Aggressivität zu legen ist. Das Training muss sowohl die erforderlichen körperlichen Eigenschaften ausbilden, um die Umsetzung der Technik zu verbessern (d.h. eine größere Antrittskraft ermöglicht eine schnellere und kraftvollere Beinbewegung, um eine Abwehrhaltung aus dem Weg zu räumen) als auch für eine physiologische Belastbarkeit sorgen, um dich auf die im Kampf auftretenden Anforderungen vorzubereiten (z.B. sich wiederholende Bergsprints mit kurzen Ruhepausen zwischen den Wiederholungen). Es folgt eine Bemerkung speziell zum Krafttraining, da es sich dabei im Rahmen des Themenbereichs „Kraft und Kondition" um einen oft völlig falsch verstandenen Aspekt handelt. Man sollte sich hauptsächlich auf frei kombinierbare Übungen mit schweren Hanteln wie Kniebeugen, Bankdrücken und Reißen mit sicheren sowie auf die jeweiligen Fähigkeiten abgestimmten Gewichten konzentrieren. Dieses Training sollte auf zwei bis drei Wocheneinheiten beschränkt werden, da sich alles darüber Hinausgehende zusammen mit den Konditionsübungen und den übrigen Trainingslektionen negativ auf dein Erholungsvermögen auswirken würde. Du solltest dich entweder für ein Unter-/Oberkörper-Split oder für ein Ganzkörpertraining entscheiden. Denk daran, dass du als Athlet Bewegungen und nicht etwa Muskelgruppen trainieren musst. Die in Kraftsportmagazinen üblicherweise propagierten klassischen Körperteil-Splitprogramme sind nicht die beste Methode, um athletische Leistungsfähigkeit zu entwickeln.

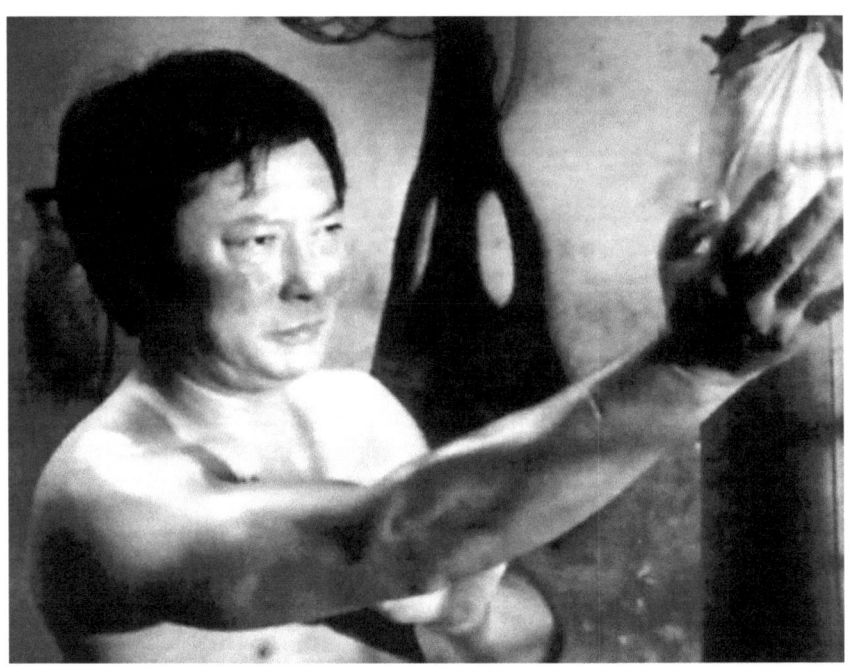

Abb. 89 Kraft und Kondition sind für den Kämpfer von größter Wichtigkeit

Es ist wichtig, dass man sicher und im Rahmen seiner eigenen Grenzen trainiert und falls möglich jemanden hat, der einem Hilfestellung leistet. Hüte dich davor, Ratschläge von Privattrainern anzunehmen, die mehr Wert auf Bodybuilding und persönliche Eitelkeiten legen. Such dir stattdessen lieber ordentlich ausgebildete Trainer für Powerlifting und Gewichtheben sowie Kraft- und Konditionstrainer aus dem Bereich der Kontaktsportarten. Halt dir immer vor Augen, dass es keine Quelle gibt, die Antworten auf sämtliche Fragen liefert. Bring dir selbst bei, die Spreu vom Weizen trennen zu können und bestimmte Ratschläge aus einer Informationsquelle für dich anzunehmen, und andere abzulehnen.

KAMPFPRAXIS

Alle technischen Trainingsaspekte des Wing Chun sind durchaus gut und schön, doch wir müssen uns darüber im Klaren sein, dass unsere ganzen Fähigkeiten nichts wert sind, wenn wir nicht auch bereit sind, uns selbst auf die Probe zu stellen und uns im Kampf zu messen.

Was wir bis jetzt haben, ist ein Entwurf bzw. eine Anleitung, die uns bei unserer Vorbereitung auf den Kampf weiterhilft, doch wir müssen uns die Zeit nehmen, um anzuerkennen, dass es sich dabei nicht um „echten" Kampf handelt und auch nicht dafür gehalten werden sollte.

Wing Chun hat nicht auf alles Antworten, doch bietet es uns als Konzept eines technikbasierten Systems einen großen Spielraum, den wir nutzen können. Werden diese Konzepte - über die Kampfpraxis - jedoch nicht ausprobiert, ist die Wahrscheinlichkeit zu versagen, recht hoch.

Ich halte absolut nichts davon, in die nächste Kneipe zu gehen und dort ein paar arme Kerle grundlos zu verprügeln. Im Training aber kann man durchaus für die entsprechenden Gegebenheiten sorgen, um sich der besonderen Art physiologischer und psychologischer Einflüsse auszusetzen, der man in einer echten Auseinandersetzung begegnet. Im Endeffekt ist es egal, für wie gut du dich hältst – die Wahrscheinlichkeit Verletzungen davon zu tragen, ist relativ hoch. Du musst lernen, diese Unvermeidlichkeit zu akzeptieren und eine Einstellung zu entwickeln, die es dir möglich macht, auch dann weiter zu kämpfen, wenn du verletzt wurdest und Anderen Verletzungen zuzufügen, wenn es die Situation erfordert.

Betrachten wir einige der ehemaligen alten Meister in Hong Kong, stellen wir fest, dass diese nicht alles was gepredigt wird, wörtlich nahmen. Sie gingen auf Reisen und nahmen an Beimos (Herausforderungskämpfen) teil, in denen sie wertvolle Kampferfahrung und Erkenntnisse gewannen. Wenn diese Leute also auszogen, um zu kämpfen, das ihnen Beigebrachte ausprobierten und die Funktionalität ihres Wing Chun auf diese Weise verbesserten - so denke ich - dürfen auch wir genauso handeln. Wir nutzen das Werk großer Männer, die dazu beigetragen haben Wing Chun zu formen und zu entwickeln. Sollen wir es uns einfach nur nehmen oder sollten wir uns bemühen selbst etwas beizutragen?

Wie also können wir Kampferfahrung sammeln, ohne dass das Ganze gleich zu einer Angelegenheit für die Polizei wird? Ganz einfach, indem wir mit möglichst wenig Schutz arbeiten und mit Leuten trainieren, die echte Kampferfahrung besitzen sowie mit Vertretern anderer

Kampfdisziplinen, um unsere Schwächen zu erkennen und diese dann abzubauen. Leg los und kämpf! Wenn du Chi Sau für kämpfen hältst, machst du dir selbst etwas vor. Tapp nicht in die Falle, darüber zu spekulieren und Hypothesen aufzustellen, was du deiner Meinung nach mit deinen niemals auf die Probe gestellten Fähigkeiten anfangen würdest. Mach dich auf den Weg und sammle echte eigene Erfahrungen.

Abb. 90 Kampfpraxis

ABWEHRHALTUNG UND REALITÄTSNAHE DRILLS

Dieses Kapitel beschäftigt sich näher damit, wie du die dir im Verlauf deines Wing Chun-Trainings angeeigneten Fähigkeiten auf eine Situation im Alltag anwenden könntest. Ich nehme einmal an, dass du in diesem Fall der gesetzestreue Bürger und nicht der Aggressor bist, und dass du in eine Situation hineingeraten bist, in der du entweder kämpfen musst, um dich zu verteidigen oder in der du dich dermaßen bedroht fühlst, dass dein „Erstschlag" die einzige vernünftige Alternative ist. Abgesehen davon, dass das Training eines Kampfszenarios eine enorm wichtige Trainingshilfe ist, macht es Spaß und wirkt ausgesprochen befreiend, wenn man mit Herz und Seele bei der Sache ist. Trainier zuerst mit Pratzen oder Sandsäcken und dann erst mit einem Partner. Stoßen, Schreien und ein entsprechendes Stellungsspiel sollten nach und nach dazu kommen, um den Adrenalinausstoß anzuregen und die Belastbarkeit auf die Probe zu stellen.

Zunächst solltest du wissen, dass es dir vom Gesetz her erlaubt ist, präventiv zuzuschlagen, wenn du dich ernsthaft bedroht fühlst. Für die Kampfsportarten hat Geoff Thompson den Begriff „Abwehrhaltung" oder „Deckung" als eine Methode definiert, mit der man einen Aggressor daran hindert, zu nah an einen heran zu kommen, wobei man seine Hände selbst geschickt in eine vorteilhafte Position bringt, aus der heraus man - falls erforderlich – verteidigen oder angreifen kann. Ebenso kannst du Methoden der Kontaktherstellung einüben, um dir bereits in der Vorphase des Kampfs einen strategischen Vorteil zu verschaffen.

In besonders bedrohlichen Situationen versuche ich zunächst einmal, den Aggressor zu besänftigen. Ich sehe ihm in die Augen und sage ihm, dass ich nicht gegen ihn kämpfen will. Gleichzeitig vermittle ich ihm dabei auch – sowohl körperlich als auch psychisch – die Botschaft, dass er eine furchtbare Niederlage einstecken wird, sollte er mich dennoch zu einem Kampf zwingen. Indem ich ihm mitteile, dass ich nicht kämpfen möchte, offeriere ich dem Aggressor einen einfachen Weg, wieder aus der Angelegenheit heraus zu kommen. Dabei unterstreiche ich die Attraktivität dieser Option durch mein körperliches Auftreten und meine Entschlossenheit. Wenn du es vermeiden kannst, ist es immer noch am sichersten, erst gar nicht zu kämpfen. Um das zu erreichen, musst du selbstsicher und entschlossen auftreten. Das ist auch einer der Gründe, warum es so wichtig ist, dies im Rahmen des realitätsbezogenen Trainings zu üben. Es ist ungemein wichtig im Angesicht einer gewaltsamen Bedrohung, die richtigen Worte zu finden und auf angemessene Weise zu reagieren. Dazu gehört normalerweise auch der Versuch, verbal deeskalierend auf die Situation einzuwirken und den Feind zu beruhigen, ohne sich von ihm beunruhigt oder eingeschüchtert zu zeigen.

Abb. 91 Aggressives Verhalten

Eine weitere hervorragende Methode, das Gehirn in Gang zu bringen, um eine kurzfristige Ablenkung zu bewirken, besteht darin, unmittelbar vor dem Schlag eine Frage zu stellen. Die Frage kann alles Mögliche beinhalten von „Warum gehst du mir auf die Nerven?" bis hin zu „Was ist denn mit dir los?" Sie muss nicht einmal irgend einen Sinn ergeben, doch du musst eine Frage stellen und sofort darauf dein Ziel treffen, so dass die Frage an sich zu einem natürlichen Auslöser wird. Es erweist sich als gute Übung, Fragen zu entwerfen, die zu deiner eigenen Persönlichkeit passen und die du auch unter Druck stellen würdest. Wir können uns dennoch nicht sicher sein, dass wir immer den Vorteil eines Kontakts oder irgendeiner uns gelegen kommenden Ablenkung nutzen können. Deshalb müssen wir uns auf alle Eventualitäten vorbereiten.

Im Idealfall stellst du dir deinen Gegner so auf, dass du ihn angreifen kannst, bevor er überhaupt merkt, was du im Schilde führst. Du willst nicht, dass er merkt, dass du ihn schlagen wirst, bis es für ihn bereits zu spät ist. Dann aber musst du deinen Angriff konsequent ausführen und nicht zögern, bis die Bedrohung vorbei ist. Zu Beginn muss deine Abwehrhaltung beweglich sein und darf nicht so aussehen, als wolltest du dir deinen Gegner aufstellen. Du solltest deine Hände auf natürliche Weise einsetzen, als würdest du gestikulieren oder mit den Händen sprechen, doch musst du dabei gut aufpassen, wo deine (und deines Gegners) Angriffslinien liegen.

„Flehende" Abwehrhaltung

Wenn du am Anfang keinen Kontakt hast, halt deine Hände offen und nach vorn, wobei die Handflächen dem Gegner ungefähr in Schulterhöhe zugewandt sind, so als würdest du ihn anflehen. Greift dich der Gegner mit einem Stoß, Griff oder Schlag an, bringst du die Haltung deiner Arme in eine Angriffs- oder Rückzugslinie und deckst die gegen dich gerichtete Attacke ab, wobei du deine Ellenbogen beim Gegenangriff einsetzt. Dies unterscheidet sich nicht allzu sehr von der zuvor beschriebenen Fook Sau-Technik zum Abblocken von Faustschlägen.

Abb. 92 a + b

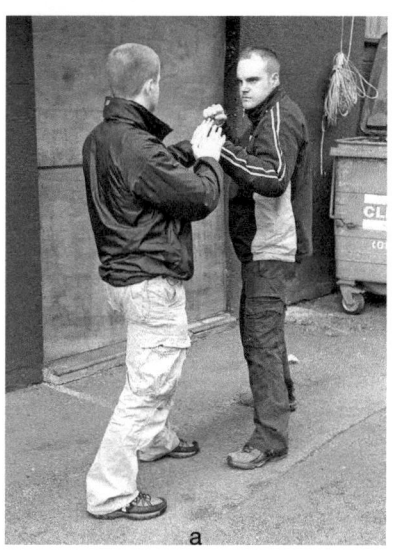 

Erster Kontakt

Setz die Hand hinter dem Kopf ein und zieh das Gesicht des Gegners mit der ersten Bewegung aus der Dummy Form auf deinen anderen Ellenbogen herab. Um in die Startposition zu gelangen, legst du die Hand auf seine Schulter und wendest ihm dein Ohr zu, als könntest du ihn nicht richtig verstehen – dann lässt du explosionsartig deine Aktion folgen. Diese Abwehrhaltung / Attacke ist in einer unruhigen Umgebung besonders wirkungsvoll.

a

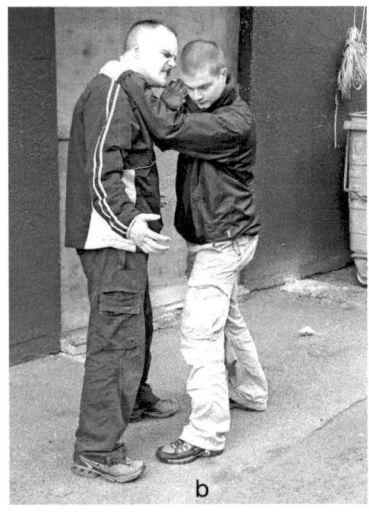
b

c

Abb. 93 a, b + c

Eine Hand für Faust- oder Handflächenschlag

Ausgehend von einer einhändigen Abwehrhaltung stößt du den Gegner zurück oder unterbindest einfach nur seine Bewegungen nach vorn. Indem du mit deiner freien Hand gestikulierst während du sprichst, stellst du dir deinen Gegner auf raffinierte Weise für deinen Schlag auf. Ein Sekundenbruchteil nachdem du ihm eine Frage gestellt hast, nimmst du den Druck von deiner vorderen Hand und schlägst mit der hinteren zu. Ein Fauststoß, ein Handflächenstoß oder ein harter Schlag passen hier gut ins Konzept. All diese Schläge kann man leicht an Kissen oder Säcken trainieren, um Kraft aufzubauen. Dank daran, dass der Tunnelblick zu den Nebeneffekten des Adrenalinausstoßes gehört. Dementsprechend ist es nicht verkehrt, Präventivschläge zu trainieren, die nicht mehr im Sichtfeld deines Gegenübers liegen. Dazu gehören Techniken wie harte Schläge zu den Ohren und zum Kiefer im Gegensatz zu geradlinig geführten Schlägen.

a

b

c

Abb. 94 a, b + c

Wegschieben der Hände

Du solltest daran denken, dass wenn du Kontakt herstellst und die Hände an die Brust deines Gegners legst, um ihn an einem aggressiven Schieben zu hindern, dieser deine Hand wahrscheinlich wieder gewaltsam wegschlagen wird. Das ist ein weiterer nützlicher Drill, den wir unter Einbeziehung der unterschiedlichen, einfachen Klebende-Hände-Techniken zunächst an einer unbeweglichen und dann an einer beweglichen Abwehrhaltung trainieren können.

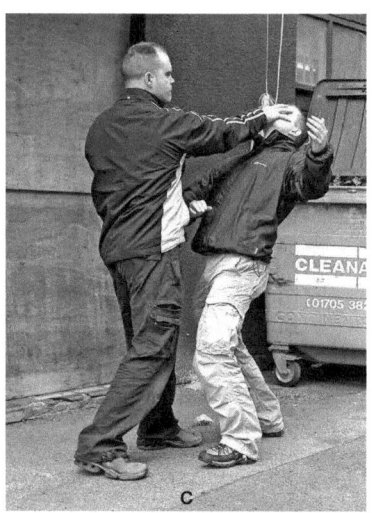

Abb. 95 a, b + c

Stöße vermeiden

Ein kräftiger Stoß ist häufig das Vorspiel für weitere Gewalt und Schläge. Wappne dich dagegen, indem du den Rückzugsschritt-Drill zusammen mit Jam Sau, Fook Sau, Pak Sau usw. und nachfolgenden Schlägen anwendest.

Abb. 96 a, b + c

Stöße annehmen

Es empfiehlt sich darauf hin zu trainieren, dass man erst gar nicht gestoßen wird und anschließend wieder seinen festen Stand finden muss, da einem möglicherweise Zeit und Gelegenheit fehlen, rechtzeitig Jam Sau und den Rückzugsschritt anwenden zu können. Hier bieten sich Dai Jeung und Jeet Sau sowie die behelfsmäßigen Drills aus bewusst ungünstigen Positionen an.

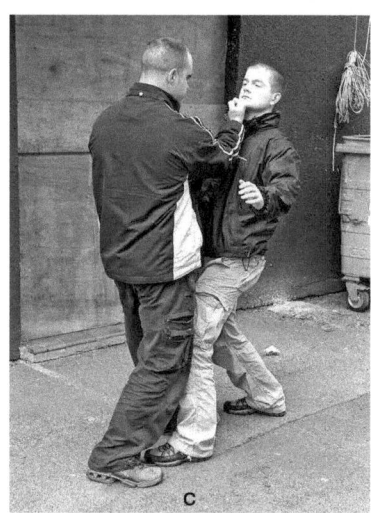

Abb. 97 a, b + c

Drills gegen Abwehrhaltungen

Es lohnt sich auch, mit Gegnern zu trainieren, die wissen, wie man eine Abwehrhaltung gegen dich einsetzt. Wenn du aufmerksam bist und dir ihrer sowie deiner eigenen Position bewusst bist, sollte es ziemlich klar sein, dass sie dich für ihre Zwecke in Stellung zu bringen versuchen. Solltest du keinen Kontakt haben, bemühe dich, ihn herzustellen, da dir dies aufgrund der programmierten Chi Sau-Drills Vorteile verschafft. Alternativ kannst du eine unsichtbare Abwehrhaltung verwenden, so dass du mit einer imaginären Linie arbeitest, anstatt dich auf den als Handlungsauslöser dienenden Kontakt zu verlassen. Wird diese Linie gekreuzt, schlägst du zuerst, wobei du dein emotionales Gespür als Auslöser nutzt. Anderenfalls musst du schneller, feinfühliger oder aggressiver sein als dein Gegner. Beachte auch die im Rahmen der Formen vorgestellten Umsetzungsideen, um wieder in den Kampf zurückzufinden und übe, präventiv als auch reagierend aus ungünstigen Positionen heraus zu schlagen. Du kannst auch trainieren, im Verlauf der Drills in ungünstige Positionen zu geraten und aus diesen wieder herauszukommen.

Wenn jemand Kontakt mit dir hergestellt hat und in einer günstigen Linie zu dir steht, ist es dennoch möglich, die Praktiken aus Chum Kiu und Siu Nim Tau zu nutzen, um einer bedrohlichen Situation zu entgehen. Ein Einsatz der Ellenbogen wie bei Fook Sau, Jam Sau oder Bong Sau und sogar Techniken wie Jat Sau oder Dai Jeung funktionieren gut in Verbindung mit Feingefühl und entsprechender Beinarbeit. Mit Lan Sau triffst du dann eine gute Wahl, wenn dich jemand im Genick gepackt hat, um dich nach vorn oder nach unten zu reißen.

Überlegtes strategisches Schlagen

Viele scheinen zu glauben, Kettenfauststöße seien die ultimative, nicht zu stoppende Angriffsform. Trotzdem wird ein geübter Gegner deine Schläge mit Leichtigkeit abwehren, wenn du einfach nur munter drauflos drischst. Schläge müssen überlegt und als Reaktion auf das, was in dem Konflikt geschieht, eingesetzt werden.

Man kann dies gut mit einem Scharfschützen vergleichen, der nur einen einzigen gut gezielten Schuss benötigt, im Gegensatz zu dem, der mit einem Maschinengewehr wild in der Gegend herumballert und darauf hofft, dass eine oder mehrere Kugeln den Gegner treffen.

Indem man seine Kräfte mit dem entsprechenden Feingefühl einsetzt, ist es möglich, weniger Schläge auszuteilen, von denen aber jeder seine Wirkung erzielt. Ein einziger gründlicher Treffer ist mehr wert als zwanzig Schläge, die am Arm deines Gegners abprallen. Es wird behauptet, dass Wong Shun Leung nie mehr als drei Schläge benötigte, um seinen Gegner zu Boden zu schicken. Der erste Schlag war nicht immer der, der Wirkung erzielte, aber der zweite oder dritte führten zum Erfolg.

Die Schüler müssen darauf achten, welche Schläge Schaden anrichten und welche nicht. Schläge, die auf irgend eine Weise Kontakt mit dem Arm des Gegners haben, um letzteren unter Kontrolle zu halten, sind selten stark genug, um Schaden zu verursachen. Sie dienen lediglich der Kontrolle und der Eröffnung. Die Schläge, die wirklich etwas ausrichten, sind die freien, die bevor sie treffen keinerlei Kontakt mit dem Gegner haben!

Um dies zu trainieren, verbleibst du mit ausgestreckter Deckung in deinem Stand und lässt deinen Partner deinen Deckarm aus zufällig gewählten Richtungen treffen oder stoßen. Jedes Mal, wenn es zu einem Kontakt kommt, änderst du deine Deckung und wechselst sie von einer auf die andere Seite und dies möglichst ohne Kreuzen der Unterarme. Stand und Schultern sollten nicht bewegt werden, nicht einmal dann, wenn dein Arm kräftig zur Seite, nach innen oder nach unten gestoßen werden sollte.

Als Nächstes lässt du deinen Deckungsarm zum Schlagarm werden. Lass deinen Partner deinen Arm nun immer näher zu deiner Mitte hin drücken. Immer dann, wenn du das Gefühl hast, dass deine Haltung gleich zusammenbricht, entspannst du den dem Druck ausgesetzten Arm und stößt mit dem anderen zum Zentrum vor. Achte darauf, den Arm, der weggeschoben wurde, schnell wieder auszurichten, denn du wirst ihn gleich wieder brauchen.

Tritte

Wie der Fauststoß verläuft auch der Tritt beim Wing Chun normalerweise von der Stelle, an der sich der Fuß befindet, auf direktem Weg
zum Ziel. Ganz ähnlich trifft auch der Tritt den Gegner im Idealfall von
unten nach oben aufsteigend. Trittst du von oben herab, oder hast du
einen schlechten Stand, kann es passieren, dass dein Tritt wirkungs-
los an deinem Gegner abprallt. Im schlimmsten Fall kann sogar deine
gesamte Stellung zusammenbrechen (das passiert häufig, wenn man
sich nach hinten lehnt oder sein Gewicht vor dem Tritt auf das hintere
Bein verlagert).

Verlagerst du dein Gewicht vor dem Tritt nach hinten, kann dein
Gegner deine Absicht erkennen. Wenn er dabei – wie es auch sein
sollte – Druck gegen dich ausübt, wird er deinen Stand aus den
Angeln heben. Um ein Zurücklehnen zu verhindern, musst du dich mit
dem am Boden befindlichen Bein nach vorn abdrücken, um auf diese
Weise eine gleichstarke Gegenkraft zu erzeugen.

Beim Tritt solltest du versuchen, den Fuß mit Hilfe der Kraft des hin-
teren Beins nach vorn zu rammen, als wolltest du deinen Gegner vom
Boden wegtreten. Jeglicher Rückprall wird dann über deinen Stand
zum Boden zurückgeleitet. Diese Art des Tritts wird in der zweiten
Sektion der Chum Kiu-Form vorgestellt. Du kannst ihn auch an der
Holzpuppe trainieren: Versuch auf direktem Weg kraftvoll gegen den
Stamm zu treten, ohne durch den Rückstoß zurückgeschleudert zu
werden.

DER GESUNDHEITLICHE NUTZEN DES WING CHUN

Während man einerseits auf die Bedeutung und den Ruf des Wing Chun als überaus hoch entwickelte Waffe hinweisen muss, glaube ich, dass es andererseits auch wichtig ist, sich des übrigen Nutzens (Gesundheit und persönliche Weiterentwicklung) und der Nebeneffekte, die einem durch das Wing Chun-Training zuteil werden, bewusst zu sein.

Abgesehen von den allgemein bekannten positiven Auswirkungen des Kraft- und Herz-Kreislauf-Trainings auf die körperliche Fitness und das allgemeine Wohlbefinden, trägt Wing Chun auch zu einer starken und gesunden Körperhaltung bei. Eine gute Haltung und das Verständnis für die Körperfunktionen helfen einem durch das ganze Leben. Jeder, der schon einmal Rückenschmerzen hatte und einen Arzt oder Orthopäden aufsuchen musste, weiß nur allzu gut, wie einen so etwas mitnehmen kann.

Die Grundstellung beim Wing Chun ist eng verwandt mit Stellungen, die auch bei Tai Chi, Qi-Gong und Yoga (sowie auch im Rahmen einiger mehr esoterischer tantrischer Sexualpraktiken) Anwendung finden, die inzwischen alle als hervorragende Methoden zur Förderung der Gesundheit anerkannt sind. Widmest du dich dem Training der Wing Chun-Formen täglich, verbessert dies deine Körperhaltung und den Kreislauf. Die Muskulatur wird aufgebaut und deine Gelenke werden sowohl gelockert als auch gedehnt. Das führt zu Selbstvertrauen, allgemeinem Wohlbefinden und einem gesunden Lebensstil.

PERSÖNLICHE ENTFALTUNG

Es gab viele Bemühungen, die körperliche Ausübung des Kung Fu auch mit einer religiösen oder philosophischen Bedeutung in Verbindung zu bringen. Spiritualität muss jedoch nicht gleichbedeutend mit Religion sein. Jeder, der sich intensiv mit irgendeiner Kampfkunst beschäftigt, wird durch diese eine Art von Spiritualität erfahren. Dies gilt ebenso für die Kampfkünste wie auch für die Musik, Malerei oder Dichtkunst. Indem wir uns in unsere Kunst vertiefen, lernen wir etwas von unserem tiefsten Inneren nach außen hin zum Ausdruck zu bringen. Durch diesen Selbstentdeckungsprozess können wir mehr darüber lernen, wer wir sind und was wir wollen. Wir hoffen, dass uns das zum Nutzen gereicht und vielleicht auch Anderen eine Hilfe ist.

DIE WING CHUN FEDERATION

Alan Gibson gründete die „Wing Chun Federation" im Jahr 1990. Das Ziel dieses Verbandes besteht darin, qualitativ hochwertiges Kung Fu auf entspannte und leicht erlernbare Weise zu vermitteln und die individuelle Entwicklung zu fördern. Wing Chun kann mit Engagement und Geduld problemlos erlernt werden. Man kann schnell und relativ leicht einen hohen Leistungsstand erreichen.

Von Alan Gibson gibt es eine Reihe hervorragender DVD, Bücher und anderer Lernmaterialien. Er veranstaltet regelmäßige Seminare, in denen die Schüler sowohl die Grundlagen des Wing Chun als auch das Vermeiden gefährlicher oder unangenehmer Konfrontationen, wo immer dies möglich ist, erlernen.

Alan Gibson erreicht man über:
alan@wingchun.org.uk
www.wingchun.org.uk

DIE SIU NIM TAU-FORM

Die Eröffnung von Siu Nim Tau

98

99

100

101

102

103

104

105

106

Huen Sau Strecken (mit zurückgezogenem Ellenbogen)

107

108

109

110

111

112

113

114

115

116

117

Sektion Eins

118

119

120

121

122

123

124

125

126

127

128

129

Wiederhole 126 - 131 weitere zwei Mal

130   **131**   **132**   **133**

134   **135**   **136**

137   **138**   **139**

Wiederhole 118 - 139 auf der anderen Seite

Sektion Zwei

140

141

142

143

144

145

146

147

148

149

150

151

152

153

154

155

156

Sektion Drei

| 157 | 158 | 159 | 160 |

Nach 159 Huen Sau strecken, (zurückgezogener Ellenbogen)
und Wiederholung auf der anderen Seite

| 161 |  162 |  163 |

| 164 |  165 |  166 |

167   168   169   170

Nach 167 Huen Sau strecken, (zurückgezogener Ellenbogen)
und Wiederholung auf der anderen Seite

171   172   173   174

Nach 174 Huen Sau strecken, (zurückgezogener Ellenbogen)
und Wiederholung auf der anderen Seite

175   176   177   178

Nach 177 Huen Sau strecken, (zurückgezogener Ellenbogen)
und Wiederholung auf der anderen Seite

179   180   181

182   183   184

185   186

Nach 186 Huen Sau strecken, (zurückgezogener Ellenbogen) und beenden

TERMINOLOGIE

Baat Jaam Do	Acht-Wege-der-Messer oder Butterfly-Messer-Form (Zweite Form der Waffen-gattungen)
Biu Ji	(Dritte Form) Stechende Finger
Biu Sau	„Stechende Hand", Angriff
Bong Sau	„Flügelarm", Abwehr mit hohem Ellenbogen
Cham Kiu	(Zweite Form) Die Brücke suchen
Chau Kuen	Peitschenschlag
Che Jeung	Absteigender Handflächenstoß
Chi Geuk	„Klebende Beine", Übung
Chi Sau	„Klebende Hände", Übung
Chi Sau-Rolle	„Rollende Hände", Übung (auch bekannt als Luk Sau- / Poon Sau-Rolle)
Chiu Ying	Gerade-Ansehen-Konzept
Dan Chi Sau	„Einfache Klebende Hände", Chi Sau-Übung
Dan Sau	„Zurückprallende Hand", Abwehr
Dai Bong	Tiefer Bong Sau
Dai Jeung	Aufsteigender Handflächenstoß, Abwehr
Dang Geuk	Aufsteigender Fersenkick
Dui Gok Ma	Seitlicher ausgerichteter Stand
Fak Sau	„Peitschende Hand", Angriff
Fook Sau	„Brückenarm", kontrollierende-Hand-Abwehr
Gaan Sau	„Schneidende („pflügende) Hand", Abwehr
Gwoh Sau	„Klebende Hände", doppelarmige Kampf-version
Hoi Sung	Die Fehler des Gegners ausnutzen, wobei man seinem Körperschwerpunkt folgt, wann immer er sich zurückzieht.
Huen Bo	Zirkelschritt
Huen Sau	„Zirkelhand", Abwehr mit zirkulierender Hand
Jam (Jum) Sau	„Sinkender Arm", Abwehr
Jat (Jut) Sau	„Schockhand", ruckende Hand, Abwehr

Jeet Sau	Armfessel
Jing Jeung	Senkrechter Handflächenstoß
Juen Ma	Den Stand wenden / drehen
Jui Ying	Verfolgen-Konzept
Kwan Sau	Kombination mit Bong Sau und Tan Sau
Lap Sau	Abwehrende (greifende) Hände, Übung
Lan Sau	„Riegelarm", versperrender Arm, Abwehr
Lat Sau Jik Chung	Konzept der ständigen nach vorn ausgerichteten elastischen Energie. Siehe Erklärung im Kapitel „Loi Lau Hoi Sung, Lat Sau Jik Chung
Loi Lau	Beschäftigung mit dem Feind
Luk Dim Boon Gwan	Sechseinhalb-Punkte-Langstock, so genannt, weil die Form nur sechseinhalb Techniken umfasst (Erste Form der Waffengattungen)
Muk Yan Jong	Holzpuppenform (Vierte Form)
Mun Sau	Angreifende Hand / Arm
Naat Sau	Nach unten drückende Abwehr
Pak Sau	„Schlagende Hand", Abwehr
Paau Bong Sau	Ohne Kontakt – auch als Notfall-Bong Sau bezeichnet
Pei Jaang	Hackender Ellenbogen
Saam Gok Bo	Nach vorn / hinten verlaufende Beinarbeit
Saam Gok Ma	Nach vorn / hinten beweglicher Stand
Senk Sau	„Kratzende Hand", Abwehr
Seung Ma	Nach vorn angreifende Beinarbeit
Seung (Chi) Sau	„Doppelte Klebende Hände", Chi Sau-Übung
Siu Nim Tau	Junge Idee (Erste Form)
Soh (Gum) Sau	Pressende Handflächenabwehr
Tan Sau	„Zerstreuende-Hand"-Abwehr
Tui Ma	Defensive Beinarbeit (Seitschritt)
Waang Geuk	Waagerechter Tritt (Seitkick)
Waang Jeung	Waagerechter Handflächenstoß
Wu Sau	„Schützende Hand", Abwehr

Yat Ji Kuen	Sonnenzeichenfauststoß (senkrecht); bezieht sich auf das chinesische Schriftzeichen für „Sonne", bestehend aus drei horizontalen Linien; ähnelt den Fingern der dem Gesicht zugewandten Faust
Yi Bong Sau	In Kontakt stehender bzw. schöpfender Bong Sau
Yi Ji Kim Yeung Ma	„Nummer Zwei" taubenfüßiger Pferdestand; so genannt, weil sich die Beine in einer Stellung befinden, die dem chinesischen Schriftzeichen für die Zahl „zwei" ähnelt; man steht als würde man ein Tier zwischen den Beinen einklemmen.
Yi Ying Sau	Form ändernde Hand

NOTIZEN

NOTIZEN

Ausführliche Informationen finden Sie auch im Internet: **www.weinmann-verlag.de**
Wir senden Ihnen gern kostenlos unser ausführliches Verlagsverzeichnis!

Schreiben Sie uns oder rufen Sie an:

VERLAG WEINMANN

Beckerstraße 7 • 12157 Berlin • Tel. 030 / 855 48 95 • Fax 030 / 855 94 64